Jutta Andrée-Westphalen – Das Kind in Dir kennt Deinen Seelenweg

ISBN 978-3-89575-171-4
1. Auflage

D-87466 Oy-Mittelberg

Lektorat: Herbert Scheubner
Gestaltung und Layout: Rolf Mihm
Umschlagillustration: Ursel Brieger, Copyright:
Michael Brieger, A 4091 Vichtenstein, Austria
Internet Verlag: www.artha.de
Druck: CPI books GmbH in 25917 Leck

Jutta Andrée-Westphalen

Das Kind in Dir kennt Deinen Seelenweg

Entdecke Deine Berufung

Artha

Für meinen Mann Hartwig, der mir liebevoll zur Seite steht.
Möge dein Herz erfüllt sein von spielerischer Leichtigkeit.

Für meine Kinder Sebastian, Matthias, Nina, Frederik und Laura.
Für meinen Enkel Preston.

Möget ihr immer den Weg zu denen finden, die ihr liebt und die euch lieben!

Dank

Viele Menschen haben zur Entstehung dieses Buches beigetragen. Es spannt einen weiten Bogen, in dem sich Kreise schließen.

Ohne die Liebe meiner Familie hätte ich nicht den Mut gehabt, dieses Buchprojekt in Angriff zu nehmen. Meine Kinder mussten sich oft in Geduld und Rücksicht üben, und ich danke ihnen herzlich für ihr Verständnis. Matthias danke ich für seine fachliche Unterstützung! Eine Extraumarmung auch für Laura, für ihre Ehrlichkeit und Klarheit. Sebastian, Nina und Frederik haben dafür gesorgt, dass ich den nötigen Abstand fand, sodass mein Blick immer wieder neu auf meinen Themen war. Meinem Mann bin ich dankbar für seine emotionale Unterstützung!

Mein allerherzlichster Dank gilt meinen mutigen KlientInnen, die mit ihren Geschichten ihr Innerstes mit mir teilten und damit einverstanden waren, dass ihre Geschichten hier zu lesen sind. Sie füllen das Buch mit ihrer Vitalität, Einmaligkeit und Schönheit. So besitzt es eine eigene bunte Persönlichkeit mit ganz unterschiedlichen Facetten. In einigen Fällen habe ich den Namen geändert, doch jede und jeder wird sich wiedererkennen.

Meinen Freundinnen danke ich dafür, dass sie mich ermutigt haben und nicht locker gelassen haben, zu fragen, wie weit ich mit dem Buch vorangekommen bin. Jutta danke ich für ihre spontanen und ehrlichen Impulse.

Mein besonderer Dank geht an meine indianischen Mentoren Sun Bear, Art Reade, Wolf Storm, Alberto Villoldo und andere. Im Schamanismus habe ich die Samen dafür gefunden, wie wir unsere ganz persönliche Geschichte entdecken. Und ich habe gelernt, wie wir sie so erzählen, dass unsere Traumata heilen und wir unsere Berufung leben können.

Ich danke der uralten Tradition der Geschichtenerzählerinnen, den Hüterinnen von Weisheit und Erfahrung. Sie bringen Zeit und Geduld mit, bilden das Rückgrat, das Herz und den Verstand vieler Familien. Sie zeigten mir die große Macht, die in Geschichten liegt, die wir uns in allen Kulturen und zu allen Zeiten erzählt haben. In diesen Erzählungen gibt es Helden, Drachen und Wunder.

Sie sind so alt, dass niemand ihr Alter kennt, und sprechen eine Sprache aus längst vergangener Zeit. Hier wird das Unmögliche wahr, und die eigenen Träume erscheinen plötzlich greifbar.

Ich danke dem Artha Verlag: Herr Mihm zeigte sich immer offen für Gespräche. Dadurch konnten wir konstruktiv und federleicht miteinander kommunizieren. Herrn Oliver Fischer, dem Inhaber und Lektor des Artha Verlages, bin ich sehr verbunden. Ohne sie gäbe es dieses Buch nicht! Sie unterstützen mich dadurch, dass Sie auch dieses Buch über den Artha Verlag verbreiten.

„To dream the impossible dream"

„I do it my way"

Zwei Dinge möchte dieses Buch:
Es soll Ihnen Flügel geben und Sie wieder jung machen.

Vorwort: Auf der Suche nach dem Glück und der Berufung

Wie fühlt es sich an, seine Berufung zu leben?

Nach einer stundenlangen Autofahrt in die Schweiz waren meine Jungs nicht mehr zu halten. Kaum waren wir angekommen, rannte Sebastian mit seinem kleinen Bruder los, um die Umgebung zu erforschen. Alles war neu: die Berge, die kleine Hütte und die frische Luft, unbekannte Wege und Tümpel warteten darauf, entdeckt zu werden. Sie hüpften und kreischten, wie es Sieben- und Achtjährige tun, die glücklich sind.

Und dann war es ruhig. Zuerst fiel mir das nicht auf, denn wir hatten damit zu tun, den VW-Bus auszuladen. Es blieb keine Zeit, mir Sorgen zu machen, denn schon flitzten die beiden ganz aufgeregt um die Ecke. Sebastian schrie: „Mama, Mama, guck mal, was wir gefunden haben: eine Geburtshelferkröte." Dabei hielt er mir einen ungefähr 5 cm großen Lurch dicht vors Gesicht, sodass ich direkt in die bunten Augen des Tieres guckte. Sie schimmerten metallisch und hatten senkrechte Pupillen. Das Tier hat sich sicher genauso erschrocken wie ich. Sebastian war total aufgeregt. Es sprudelte nur so aus ihm heraus, dass er die Kröte in einer Felsspalte entdeckt hat, wo sie schlief. Er wusste, dass das Männchen 100 Eier mit sich herumträgt und dann ins Wasser geht, wo die Kinder schlüpfen. Und er zeigte mir das ganz besondere dieser Tiere: dicke Warzen.

Ich konnte ihm kaum zuhören, war aber total begeistert von meinem kleinen Professor. Ich hielt meinen dicken Bauch und bin vor lauter Lachen fast den Berg hinuntergekullert. Denn ich war hochschwanger und konnte eine „Geburtshelferkröte" wirklich sehr gut gebrauchen.

Sebastian ist der Biologe in unserer Familie. Er lernte blitzschnell lesen, um alles über Tiere zu erfahren. Inzwischen ist er längst erwachsen. Aber als Sebastian jetzt zu Besuch kam, erinnerte ich mich an früher und hatte sozusagen ein Déja-vu-Erlebnis. Denn als ich das Abendbrot vorbereitete, hielt er mir plötzlich eine wunderschöne Kröte mit goldenen Augen nahe vors Gesicht. Das Teichwasser spritzte auf meine Brille.

Als Wissenschaftler forscht Sebastian über Fische, die in heißen Quellen leben. In Mexiko entdeckte er unbekannte Fischarten und ist immer noch begeistert von dem Thema, das ihn schon als Kind faszinierte und vor Aufregung nicht schlafen ließ. Seine Augen leuchten, wenn er von Fischen, Lurchen, Echsen und Fröschen erzählt. Ihm fallen ungewöhnliche Tiere auf, die ich nie gesehen hätte. Sebastians Mission hat unserer Familie viel Inspiration geschenkt und ganz neue Sichtweisen eröffnet. Als Vierjähriger fragte er mit großen Augen beim Mittagessen, ob der Fisch das gut findet und ob es ihm nicht wehtut, wenn wir ihn essen. Das hat mein Herz erweicht und mich dazu gebracht, sehr bewusst darauf zu achten, was bei uns auf den Tisch kommt – bis heute!

Sebastian erinnert den Traum, weshalb er hier ist. Er hat ihn mit beiden Händen festgehalten und nie vergessen. Das ist sein großes Glück. Sein Innerer kleiner Junge schaut immer noch jeden Teich und Tümpel, jedes Tier so an, als würde er es das allererste Mal sehen. Und er entdeckt immer etwas Interessantes oder Schönes.

Auf der Suche nach dem Glück

Die gängigen Slogans, mit denen wir täglich bombardiert werden, versprechen uns Glück durch mehr Konsum. Doch sie entlarven sich schnell als sehr oberflächlich. „Geiz ist geil" und „billiger, mehr, schneller" führt zu einer völligen Übersättigung, die uns nur kurz glücklich macht. Denn niemand braucht 50 Sorten Joghurt zu seinem Glück! Dieses Luxusproblem erledigt sich von selbst durch das einfache Motto „Weniger ist mehr".

Der Geschmack und Geruch eines Apfels sind nichts Außergewöhnliches – es sei denn, du hast gerade zehn Tage gefastet und der halbe Apfel ist die erste Mahlzeit. Du genießt den wunderbaren Geruch und Geschmack und bist glücklich.

Auf der Suche nach unserem Glück glauben wir, wenn wir ein Ziel erreicht haben, dass sich das ersehnte Glücksgefühl einstellt. Das tut es auch. Aber leider nur für kurze Zeit. Das neue Handy packen wir mit zitternden Händen aus, streichen liebevoll über die glatte Oberfläche, probieren Funktionen aus, kaufen noch eine schöne Hülle, um es zu schützen und sind begeistert. Nach drei Wochen nehmen wir es zur Hand, und es ist „normal" – keine Spur mehr von der anfänglichen Euphorie. Der Zauber ist verflogen und der Macht der Gewöhnung gewichen.

Darum fällt es den meisten Menschen schwer, spontan zu sagen, was sie glücklich macht und was sie in ihrem Leben erreichen wollen. Unsere wahren Bedürfnisse sind oft durch den Alltag verschüttet. Und doch hat jeder eine Berufung, der er intuitiv und so selbstverständlich folgen sollte, wie Zugvögel ihren Weg von Europa nach Afrika finden. Leider tun wir dies meistens nicht, und wenn unser Weg zu sehr von unserem Seelenpfad abweicht, wird unser Leben schwer und anstrengend.

Wenn wir uns die Erde einmal als einen Schulungsplaneten denken, dann leben wir hier, um zu lernen, zu wachsen und uns weiterzuentwickeln. Solange es uns materiell gut geht, richten wir unsere Aufmerksamkeit fast nur nach außen. Erst wenn sie in eine Notlage geraten, fangen die meisten Menschen an, ihr Leben zu hinterfragen und bewusst mit ihrer Lebenszeit umzugehen. Diese neue Achtsamkeit wirkt sich auf die Gesundheit und auf die Fähigkeit, das Leben zu genießen, aus. Denn wenn wir wieder die kleinen Dinge wahrnehmen und uns daran freuen, macht uns dies glücklich. Die Schönheit des glitzernden Wassers, der Gesang der Amsel, der Duft einer Blume, der tiefblaue Sternenhimmel … in diesen wunderbaren Dingen liegt ein großer Teil des wahren Sinns von allem.

In dem kleinen Himalayastaat Bhutan gibt es einen Minister für Glück. Ha Vinh Tho stellt drei Hauptsäulen des Glücks fest: Einklang mit sich selbst, Qualität der Beziehungen und die Beziehung zur Natur. Sich gut und zufrieden zu fühlen ist mit das Wichtigste im Leben. Gutes Wohlbefinden stärkt das Immunsystem und verlängert sogar das Leben, wie Studien belegen. Es geht darum, seine Zeit für das einzusetzen, was einen wirklich glücklich macht. Das heißt einfach, wir müssen auf die richtigen Dinge Wert legen: uns Zeit nehmen für Freundschaften, Schlafen, Sport und sicherstellen, dass wir im Moment leben. Menschen denken oft, sie müssten ihre Lebensumstände radikal ändern, um glücklich zu sein.

Dabei reicht es, unsere Einstellung zu ändern, statt den Job oder Wohnort. Wir alle können unser Wohlbefinden verbessern, wenn wir bereit sind, an uns zu arbeiten.

Was du bist, ist schön

Menschen haben zu unterschiedlichen Zeiten und in verschiedenen Kulturen ganz unterschiedliche Schönheitsideale. Wer sagt, dass es nicht außerhalb unserer Norm auch schön zugeht? Egal, ob dick oder dünn, klein oder faltig. Wir sind so, wie wir sind. Es macht keinen Sinn, dass wir uns verstecken. Wir können auffällig, vielseitig, widerspenstig, rätselhaft und frei sein. Warum sollten wir „normal" sein? Normal zu leben bedeutet heutzutage: Wir haben einen stressigen Alltag, nehmen ungesundes Essen zu uns und setzen falsche Prioritäten. Und dann spüren wir uns einfach nicht mehr und gefährden unsere Gesundheit.

Doch tief in uns tragen wir das Wissen darüber, was uns guttut und wie wir leben können. Wir müssen uns selbst nur wieder wichtig nehmen. Im Moment führen wir ein Leben im Dauerlauf und ignorieren die Signale des Körpers. Sie fordern uns auf, das Tempo zu drosseln, achtsam mit unseren Kräften umzugehen und uns zu schonen. Die ersten Signale können ganz klein sein. Dann haben wir chronische Verstopfung, Schlafstörungen oder Kopfschmerzen. Das sind Vorschläge des Lebens, etwas zu verändern und zu fragen: Muss ich mich ständig anpassen und versuchen, einer Norm nachzueifern, die mir nicht guttut?

Werden diese Signale des Körpers länger ignoriert, weitet sich das Problem oft aus. Das Leben schwingt dann den Vorschlaghammer, der uns aus dem Hamsterrad befreit: ein Unfall, eine Depression, ein Bandscheibenvorfall oder ein Burn-out wirft uns aus der Bahn.

Bevor dies geschieht, sollte jetzt die Selbstfürsorge auf unserer Prioritätenliste ganz weit nach oben rutschen! Wir müssen uns Zeit nehmen für das, was unserem Körper und unserer Seele guttut: in den Sternenhimmel schauen, einen Sonnenaufgang betrachten und das genießen, was wir bereits besitzen. Wenn wir Freundschaften pflegen, Zeit mit unseren Kindern und in der Natur verbringen, finden wir diese Freude überall. Sie kostet nichts und schenkt uns eine unersetzliche Tiefe an Lebensenergie.

So holen wir uns unser Leben zurück, leben unsere Individualität, sind offen für unsere Intuition und schaffen Raum für das Unvorhergesehene. Dann zeigen sich unsere Talente, und wir können mit wenig Aufwand viel schaffen. Die Natur zeigt es uns: Sie bringt eine unglaubliche Vielfalt an Blumen und duftenden Blüten hervor, die alle ihre individuelle Schönheit ausstrahlen, mit der sie unser Leben bunt und schön machen. Wir sollten sie zum Vorbild nehmen und den Glauben an die Magie des Lebens (wieder-)finden.

Das geschieht, wenn wir zu uns selbst stehen. Dann fühlen wir uns in unserem Körper wohl und strahlen das auch aus. Diese innere Haltung bringt uns Bestätigung von anderen und letztendlich auch Erfolg. Mit unserer ganz eigenen Power können wir uns dann für eine humanere und bessere Welt einsetzen, die aktuell so bedroht erscheint wie schon lange nicht. Unsere globalen Probleme können wir nur gemeinsam lösen, und dazu braucht es den Mut und die Kreativität einiger, die beginnen, Dinge zu verbessern.

Im Zeitalter der technischen und digitalen Wunder scheint es kaum mehr Platz zu geben für echte Wunder. Doch unsere Seele hat in dieser Hinsicht Bedarf. Etwas fehlt in unserem Leben: ein magischer Traum. Denn unsere Welt hat tiefe Risse bekommen: Es gibt Dinge, die nicht ausgesprochen werden, Wahrheiten, die verloren gehen, Träume, die vom Alltag aufgefressen werden, und Kinder, die verlernen, zu singen, zu springen und zu spielen. Damit verschwinden leuchtende Kinderaugen, Zauber, Magie, Verzücken, Lachen, Glück und all die kleinen Dinge, die Freude bereiten. Ein dichter Schleier hat sich zwischen unsere greifbare Welt und das Geheimnis gelegt, und doch schlummern immer noch in jedem von uns wunderschöne bunte Träume und uralte Märchen, die wir uns jetzt wiederholen, um den Zauber in unsere Welt zurückzubringen.

Mein Weg, mein Motto

Ich bin eine Träumerin, war es schon immer. In die erste Klasse habe ich meine Puppe mitgenommen und nicht verstanden, dass ich lernen sollte, Otto zu schreiben. Aber mein Hund, andere Menschen und die Natur faszinierten mich. Eine große Sehnsucht nach dem unsichtbaren Geheimnis des Lebens hat mich immer begleitet. Dies zu erforschen und Träume auf die Erde zu bringen ist meine Mission. Da bin ich nicht aufzuhalten, von niemandem.

Durch die Kinder, die in mir wuchsen, wurde ich jeden Tag stärker und habe gelernt, mich ruhig und sicher durch die Welt zu bewegen. Ich sammle ständig schöne, kleine Momente: innige Gespräche, glitzerndes Wasser, den überraschenden Blick in die Augen einer Eule, ein Lächeln, schöne Musik … All dies trage ich in mir, und in schwierigen Zeiten kehre ich zu diesen magischen Momenten zurück. Dann kann ich meine Flügel wieder ausbreiten, um neue Träume einzufangen und auf die Erde zu bringen.

Mein Motto lautet:

Denken und handeln in Lösungen:

ganzheitlich, praktisch, spirituell

Dieses Buch habe ich für dich geschrieben.
Mit ihm kannst du deinen Traum auf die Erde holen.

Wie viel Zeit hast du für mich?

Die eigene Berufung zu erforschen braucht etwas Zeit. Wie viel Zeit willst du für dieses Thema aufwenden? Wie viel Zeit gibst du dir, um herauszufinden, weshalb du hier bist und was deinem Leben Sinn und Richtung gibt?

Jeder Mensch hat bestimmte Talente, Aufgaben und eine Bestimmung und ist herausgefordert, sich auf den Weg zu begeben, um seine Berufung herauszufinden. Das fällt vielen schwer, denn unsere Lebensweise hinterlässt Spuren. Jeden Tag treffen wir viele Menschen, erledigen die verschiedensten Dinge oder wir sitzen am Computer, und ungezählte Eindrücke prasseln auf uns ein. Da ist es schwierig, im Gleichgewicht zu bleiben, Körper, Geist und Emotionen gesund zu halten. Aber genau das ist wichtig, denn sonst werden wir starr, unbeweglich, rechthaberisch und unduldsam.

Wie können wir in solch einer Verfassung unserer Bestimmung folgen, aufrecht und kraftvoll leben? Wir sollten uns daran erinnern, dass unser Leben so zerbrechlich ist wie ein vertrockneter Strohhalm. Unsere Knochen können durch einen Sturz brechen, unser Verstand kann Schaden nehmen und auch unser Herz kann durch Kummer oder eine ungesunde Lebensweise erkranken.

Unsere zunehmend komplexere Welt verlangt von jedem sehr viel Flexibilität und persönlichen Wandel. Wie gehst du mit all den Veränderungen, Verunsicherungen und Herausforderungen um? Welche Bedürfnisse hast du, und was kann dich begeistern?

Helmut Schmidt war der Meinung: „Wer Visionen hat, sollte zum Arzt gehen." Oder doch eher derjenige, der keine hat? Denn in Zeiten, in denen sich alles unglaublich schnell verändert und verändern kann, ist eine zukunftsorientierte und sinnstiftende Vision wichtiger als alles andere. Wir alle sind von der digitalen Transformation, der Unberechenbarkeit bestimmter Politiker und großen Erdveränderungen betroffen. Für diesen Wandel sind starke Menschen entscheidend, die Dinge vorgedacht haben. Und das sind mutige Visionäre, die wissen, was sie verändern müssen. Mit Fantasie, Ausdauer und Mut zeigen sie uns, dass wir mit der Liebe zu dem, was wir tun, beinahe Unmögliches erreichen. Und das wird notwendig sein. Denn in unserer Welt wird immer mehr von dem zerstört, das uns verlässlich erschien. Letztendlich hat immer derjenige das Sagen, der die größte Macht hat. Und das ist der, der die größte Klarheit über seinen Weg besitzt.

Wir haben nicht zu wenig Zeit, sondern zu viel Zeit, die wir nicht nutzen. Wie das Leben bisher eingerichtet war und was mit den Jahren geschaffen wurde, entwertet sich nicht dadurch, dass sich nun verlockende neue Chancen auftun.

Jetzt oder nie ist die Anstiftung zu einem Aufbruch zu neuen Ufern, an denen wir Freiheit und Selbstbestimmtheit finden.

Ein Buch zu schreiben, wie jemand seine ganz persönliche Bestimmung findet, ist riskant. Doch als Kind konnte jeder seiner Fantasie freien Lauf lassen und das tun, wofür sein Herz schlägt. Wir waren bedingungslos verliebt in uns selbst und in unsere Fantasiewelt, in die wir uns hineingeträumt haben. Wir erlebten imaginäre Abenteuer, trafen auf Schurken, hatten unsichtbare Gefährten und entdeckten große Schätze. **Das Gefühl der Freiheit, das uns als Kind beflügelt hat, und unsere Traumwelt sind noch tief in uns verborgen.** Das ist wie der Geruch des leckeren Kuchens, den deine Großmutter gebacken hat. Er steigt dir in die Nase, und deine Großmutter steht vor dir.

Wir leben in einer spannenden Zeit, in der wir uns problemlos miteinander verbinden können. Das Internet bietet die großartige Chance, unsere Träume zu teilen und Wissen zu verschenken. All die Träume, die wir ins Leben holen, lassen unsere Kultur erblühen. Und die ausgedrückte Individualität vieler führt zu einem unglaublichen Wachstum an Kreativität.

Damit diese Rückkehr zur Menschlichkeit geschieht, müssen sich Menschen sicher fühlen. Das ist nicht leicht in einer Zeit des Umbruchs mit Klimawandel, Krieg und Terror. Denn all dies führt zu Angst und Misstrauen. Die Frage ist, wie können wir mit dieser berechtigten Angst umgehen?

Wir können Wissen weitergeben, das ein Gefühl der inneren Sicherheit schenkt. Denn schon immer konnten sich Menschen in andere einfühlen. Wir können uns vorstellen, was in anderen vorgeht, und es gibt uraltes Wissen darüber, wie wir uns gegenseitig Impulse geben können, die Hoffnung in sich tragen, die gute Gedanken und Gefühle in anderen wecken. Das geschieht zum Beispiel, wenn wir unsere eigenen Träume erinnern. Als Kind wussten wir, was wir der Welt schenken wollten.

Mithilfe unseres Inneren Kindes können wir diese Träume wieder beleben. Damit können wir verkrustete dicke Denkmauern einreißen, ausgetretene Pfade verlassen und unserer wahren Bestimmung folgen. So können wir die

Angst hinter uns lassen und stattdessen den Horizont öffnen für eine neue Art, zu leben.

Alle Völker und Kulturen leben gemeinsam auf dieser Erde. Es ist genug für alle da, und es geht nicht darum, sich darüber zu streiten, ob und wie der Kuchen der Ressourcen verteilt wird. Viel sinnvoller ist es, das Wissen darüber weiterzugeben, wie wir kreativ werden und selbst Kuchen backen. Das birgt echte Chancen für jeden. Dieses Buch gibt wertvolle Impulse, um das persönliche Rezept für den eigenen Lebenssinn zu entdecken.

Was erwartet Sie?

Ich habe eine erstaunliche Beobachtung gemacht. Nämlich, dass wir unbewusst ganz genau wissen, weshalb wir hier auf die Erde gekommen sind. Seit Jahrzehnten begleite ich Menschen, die auf der Suche nach ihrem Traum, ihrer Intuition und Aufgabe sind. Meine Idee ist, dass sich die unsichtbare Welt und unser Traum ähnlich wie Wasser verhalten. Wie Wasser finden sie immer einen Weg, um Hindernisse zu umgehen. Sie verwandeln sich und zeigen sich doch immer wieder.

Mein Herz schlägt höher, und mein Kopf füllt sich mit neuen Möglichkeiten, wenn ich daran denke, wie schön die Welt ist und was wir noch alles tun können! Wie stark wäre unsere Welt, wenn wir keine Angst hätten Risiken einzugehen, wenn wir keine Angst hätten, selbstständig zu denken, wenn alle das Bestmögliche aus sich machten. Wir sind dazu geboren, etwas zu bewegen.

Nun habe ich einen leichten Weg entdeckt, wie wir zu dem verborgenen Teil in uns Kontakt aufnehmen können: über das Kind, das wir einmal waren und das immer noch in uns lebt. Auch wenn wir inzwischen erwachsen sind, gibt es noch das Innere Kind, das ganz im Gefühl und in seiner magischen Welt lebt. Dieser Teil in uns, das kleine Mädchen oder der fünfjährige Junge, liebt Geschichten über alles und braucht Märchen für seine Entwicklung – wie alle Kinder. Denn Märchen erzählen von Seelenwegen. Sie erinnern uns daran, dass wir ungeahnte Kräfte besitzen, dass wir uns danach sehnen, ein besserer Mensch zu werden, dass wir ganz persönliche Stärken besitzen, mit denen wir kreative Lösungen entwickeln können, und dass manchmal völlig unverhofft Hilfe kommt.

Den uralten Märchenweg bin ich mit meinen KlientInnen gegangen und möchte Sie inspirieren, dasselbe zu tun: eine Geschichte zu erzählen, mit ihrer Hilfe Ihre Stärken zu erinnern und herauszufinden, was Ihre Mission ist. Ganz praktisch gelingt dies am besten, wenn man sich entspannt und mit dem Inneren Kind Kontakt aufnimmt. Mit anderen Worten: Wer den Verstand abschaltet, die Gedanken einfach frei fliegen lässt, fantasievoll und voller Gefühl sein Märchen schreibt, wird ein deutliches, klares und authentisches Ergebnis erzielen.

Auf diesem Weg möchte ich Sie begleiten und Ihnen aufzeigen, wie Sie das Beste aus Ihrem Leben herausholen können: Ihren zauberhaften Traum. Von Beginn an sollte klar sein, dass es für niemanden das rundum perfekte Leben gibt. Ebenso wenig gibt es das ideale Märchen. Dazu ist die Vielfalt unserer Aufgaben, Schicksale und Bestimmungen zu groß. Es macht also keinen Sinn, die Geschichten nach einem bestimmten Schema zu klassifizieren. Doch ein Leben ist besonders attraktiv durch seine Frische, Lebendigkeit und spannenden Wendungen. All das, was individuell und einmalig ist. Deshalb wird Ihr Märchen anders klingen als alle anderen, die Sie in diesem Buch lesen können. Es kommt auf Sie an und darauf, dass sich zeigt, was in Ihnen steckt. Ihre Geschichte soll niemanden beeindrucken. Sie schreiben sie nur für sich, um Ihr schönstes Geheimnis zu entdecken. So ging es auch meinen KlientInnen. Natürlich habe ich ihre Erlaubnis eingeholt und sie gefragt, ob ich ihr Märchen in diesem Buch veröffentlichen darf. Viele haben zugestimmt, einige haben darum gebeten, dass sie unter einem anderen Namen erscheinen. In jedem Fall sind diese Geschichten so wertvoll wie uraltes mundgeblasenes Glas. Es sind kostbare Geschenke, die leicht zerspringen, wenn man unachtsam damit umgeht.

Und da dies eine sehr persönliche Art und Weise ist, in der wir miteinander umgehen, möchte ich Sie ab jetzt duzen. Denn wir werden gemeinsam durch einen kreativen Prozess gehen, in dem Vertrauen eine Rolle spielt. Das ergibt sich leichter über das Gefühl und das vertraute Du.

Hier ist ein kostbares Geschenk, das persönlich für dich bestimmt ist. Mit ihm kannst du deine Kraft, Schönheit und Bestimmung erkennen. Auch wenn du schon alles hast, kann ich dir zeigen, dass etwas in dir schlummert, von dem du vielleicht gar nichts ahnst.

Dieses Buch unterstützt dich darin, Freundschaft mit dir selbst zu schließen und deinen eigenen Weg zu entdecken. Er ist einmalig. So wie kein einziges Blatt am Baum einem anderen gleicht, so unterscheiden wir Menschen uns. Von außen unsichtbar, denn fast alle Männer und Frauen tragen Jeans, checken täglich ihre Mails und besitzen ein Handy. Doch in deinem persönlichen Haus gibt es geheime Räume: versteckte Zimmer hinter Schrankwänden, winzige Kammern unterm Dach. Vergiss sie nicht!

Es gibt ein Geheimnis, das du sehr gerne kennen würdest. Ich werde es dir aber nicht verraten, weil du es selbst herausfinden sollst. So viel kann ich dir aber sagen: Es wartet dein innerer Reichtum auf dich. Vermutlich ruht in dir ein Schatz von wunderbaren Geschichten, unerfüllten geheimen Wünschen und verwegenen Fähigkeiten. Damit sollst du dich zeigen und deine Bestimmung erfüllen. Denn es liegt in deiner Hand, deine Zukunft zu gestalten und Menschen zu inspirieren und zu bewegen. Stell dir einmal vor, wie sich unser Leben in kurzer Zeit ändern würde, wenn wir diese innere Kraft, Schönheit und Kreativität völlig leben und ausdrücken würden! Unser Leben wäre angefüllt mit Liebe, Mitgefühl und Glück. So viele Menschen sehnen sich danach, ihre Kraft auszudrücken und zu leben!

Wenn du deine Berufung lebst, wird sich dein Leben stimmiger, angenehmer und leichter anfühlen.

I. DEIN INNERES KIND KENNT DEINEN SEELENWEG

1. Das Kind in dir und dein Seelenweg

Das Kind in dir – das Innere Kind

In der Psychologie sprechen wir vom Inneren Kind und bezeichnen damit einen Persönlichkeitsanteil. Auch unabhängige Erwachsene, die ihr Leben sehr bewusst gestalten, haben in ihrer Psyche unbewusste Anteile, die verspielt, kindlich und sehr emotional sind. Dieses Innere Kind beeinflusst uns sehr stark in unserem Wahrnehmen, Denken, Fühlen und Handeln.

Denn der unbewusste Teil unserer Psyche ist vergleichbar mit einem großen Eisberg. Von einem Eisberg sehen wir nur die Spitze, der größte Teil des Berges liegt tief unter dem Eis verborgen. Wissenschaftler sprechen davon, dass wir bis zu 80% vom Unbewussten gesteuert werden. Das Unbewusste ist also eine machtvolle Instanz in unserem Inneren. Und unser Inneres Kind lebt in diesem Bereich. Mit diesem Teil beschäftigen wir uns, denn er beeinflusst unser Erleben und Handeln maßgeblich.

Wir kommen klein, nackt und schutzlos zur Welt und sind darauf angewiesen, dass sich jemand für uns verantwortlich fühlt und nicht in die nächste Ecke legt, wenn wir vor Hunger oder Durst schreien. In den ersten Jahren sind wir völlig abhängig von unseren Eltern und fühlen, ob wir willkommen oder lästig sind. Wir spüren es beim Wickeln, Baden und Füttern. Wir fühlen es beim Gehaltenwerden und Spielen, durch liebevolle Blicke und wenn wir gestreichelt werden. So entwickelt sich im Idealfall ein tiefes Vertrauen ins Leben, das uns Sicherheit und Geborgenheit schenkt. Dieses Urvertrauen bleibt uns als lebenslange Kraftquelle erhalten. Ein anderes Grundbedürfnis von uns Menschen ist, dass wir Einfluss nehmen wollen, um Hilflosigkeit und Ohnmacht zu vermeiden. Als Baby und Kleinkind tun wir dies durch Schreien, später durch Sprechen und Taten. Und natürlich möchte jedes Kind und jeder Erwachsene gesehen, gehört und anerkannt werden. Diese Grundbedürfnisse verbinden alle Menschen miteinander, egal wo sie auf der Erde leben und welche Hautfarbe sie haben.

Ein Kinderblick ist offen auf die Welt gerichtet. Auch das Innere Kind schaut unvoreingenommen in die Welt. In ihm lodert das Feuer der Begeisterung. Es lebt ganz in diesem Moment, liebt Spaß und Quatsch, Spiel und Abenteuer, es ist neugierig, offen und spontan. Wenn sich ein Kind freut, hüpft es und strahlt von der Haarspitze bis in den kleinen Zeh. Es mag sich so, wie es ist und vergleicht sich nicht mit anderen. Ein kleiner Junge und ein kleines Mädchen lachen spontan und laut, springen, balancieren, singen und genießen das Leben. Die meisten sind geborene Forscher und können selbstversunken eine Ameise oder einen Schmetterling beobachten. Kinder suchen und lernen, sie entdecken und wollen die Welt um sich herum verstehen.

Wir alle tragen dieses neugierige, wunderbare, wilde und lebendige Wesen in uns als unser Inneres Kind.

Jeder trägt diesen spontanen und abenteuerlustigen Anteil in sich. Auch in dem, der eine schwere Kindheit hatte, lebt ein gesundes Inneres Kind. Denn jedes Kind hat zumindest winzige glückliche Momente erlebt, mit der Familie, dem Haustier, mit Spielkameraden oder in der Fantasie. Das Innere Kind ist voller Tatendrang, Energie und Lebensfreude. Selbst wenn die Umstände schwierig waren, gibt es die Pippi Langstrumpf, das wilde, freche und starke Mädchen, in uns. Oder den kleinen, mutigen Jungen, der wie Merlin zaubern und Menschen zum Besseren verändern kann. So sind wir auf die Welt gekommen. Jedes Kind erinnert sich daran. Wenn du an einem kleinen Baby riechst und seinen himmlischen Duft einatmest oder wenn du sein lächelndes Gesicht beobachtest, wenn es schläft, weißt du dies.

Ein kleiner Mensch lebt noch nicht lange auf der Erde, und darum kann sich ein Kind noch sehr gut daran erinnern, weshalb es hierhergekommen ist. Wenn wir uns mit diesem glücklichen, kindlichen Anteil verbinden, können wir unsere Berufung erinnern.

Manche Menschen kommen auf die Welt und können den Traum ihres Inneren Kindes bewahren. Sie wissen von klein auf, was ihr Lebensthema ist. So wie mein Sohn Sebastian interessieren sie sich für etwas ganz Spezielles, bleiben dabei und werden Experten auf ihrem Gebiet.

Das Kind und die Liebe

Die Liebe, die wir als Kind brauchten und nach der sich unser Inneres Kind immer noch sehnt, stellt keine Bedingungen. Sie ist einfach da. In guten und in schlechten Tagen. Diese Liebe ist unser Instinkt. Und da wir unseren natürlichen Instinkt verloren haben, müssen wir wieder lernen, zu lieben.

Um diese wunderbare Liebe zu lernen, muss man sich gegenseitig in die Augen schauen. Das lernt jedes Neugeborene sofort nach der Geburt, wenn der zauberhafte erste Blickkontakt zwischen Mutter und Kind oder Vater und Kind entsteht. Die Welt steht still in solch einem Moment der Liebe. Es ist ein überaus kostbarer Augenblick, in dem sich die Seelen erkennen und ihr Versprechen einlösen, füreinander da zu sein und sich gegenseitig zu beschützen.

In dieser allerersten Zeit nach der Geburt ist es auch wichtig, dass das Baby angelegt und gestillt wird, denn sofortiges Stillen nach der Geburt ist wie eine Lebensversicherung für das Neugeborene. Millionen Babys werden mangels besseren Wissens in den ersten Lebensminuten noch mit Honig, Zuckerwasser oder künstlicher Babynahrung gefüttert. Dadurch sind sie anfälliger für Infektionen, können Probleme mit der Atmung oder Verdauung haben. Davor warnt sogar die Weltgesundheitsorganisation.

In Naturvölkern tragen die Mütter ihre Kinder in den ersten Jahren nahe am Körper. Sie lassen ihr Baby nicht los, setzen es nicht im heißen Wüstensand, im Dschungel oder auf dem Gletscher ab.

Diese instinktive Liebe der Naturvölker haben wir nie bekommen.

Mit der Abschaffung von Hausgeburten wurde in Kliniken schon der erste Blickkontakt zwischen der Mutter und ihrem Neugeborenen unterbunden. Das Kind wurde abgenabelt, gewogen, gewaschen und untersucht, bevor es der Mutter gezeigt und dann ins Neugeborenen-Zimmer gebracht wurde. Es war üblich, Babys gleich nach der Geburt von der Mutter zu isolieren! Dies hat unendlich viel Kummer verursacht, sowohl für die junge Mutter als auch für das Neugeborene. Denn die natürliche Symbiose zwischen beiden wurde brutal und systematisch zerstört.

Später sollte die Mutter auch nicht in der Babysprache mit ihrem Kind sprechen, wie sie es instinktiv tut. Psychologen hielten die Babysprache für albern, verdummend und völlig überholt. Mütter sollten die Mimik ihres Kindes nicht spiegeln und wiederholen, sondern „vernünftig" mit ihrem Kind sprechen. Doch überall auf der Welt imitieren Mütter instinktiv ihr Baby. Jetzt weiß man jedoch: Nur so wird ein emotionaler Kontakt zwischen kleinen und großen Menschen aufgebaut. Nur so fühlt sich das Kind angenommen und verstanden, geborgen und sicher. Ohne Babysprache konnte das Kind keine Spiegelneuronen entwickeln, so wie es natürlich ist. Durch Spiegeln entsteht Vertrautheit zwischen Menschen, sie spielen, fühlen sich sicher miteinander, entwickeln Empathie und Liebe.

Doch das Baby sollte allein in seinem Bettchen liegen. Und ohne den Atem der Mutter zu spüren, fiel es aus seinem natürlichen Rhythmus. In der Schwangerschaft hatte es eine Bindung zur Mutter, wie sie enger nicht geht. Das Baby lebte in ihrem Körper. Und war nach der Geburt plötzlich allein, ohne Blickkontakt und Resonanz. **Die Anbindung an das, was bisher sicher war, fehlte plötzlich.**

So erhielten wir eine völlig andere Prägung als frühere Generationen und hatten als Neugeborene wenige Chancen, uns an die Liebe der Mutter und des Vaters zu binden. Stattdessen schaute das Baby auf die Lampe an der Decke. Sie bot die einzige Sicherheit, war die Quelle von Wärme und Licht. Das Baby musste sich selbst trösten und am Daumen nuckeln.

So kam der Verlust der ersten Bindung zustande. Viele Babys wurden gleich zu Beginn ihres Lebens vom Kostbarsten abgeschnitten.

Dies war ein schlimmer Anschlag auf die menschliche Bindungsfähigkeit und ist ein Grund dafür, dass die Liebe in unserer technischen Zeit so schwierig ist.

Wie wir eine neue Kultur des Herzens begründen

Die Sehnsucht nach Liebe ist unendlich groß. Jeder braucht die innere Sicherheit, dass er liebenswert und wichtig ist. Doch die allgegenwärtige Technik hat dem Menschen die grundlegenden Instinkte abgewöhnt, und die digitale Zivilisation hat diese Tendenz verstärkt. Jetzt schaut jeder auf Bildschirme oder aufs Handy. Selbst stillende Mütter schauen eher aufs Handy als in die Augen ihres Babys, und ihr kleines Kind erhält das Signal: Ich bin nicht wichtig!

Immer gerade der Mensch, der bei uns ist, ist der Allerwichtigste.

In unserer Zeit werden immer weniger Kinder geboren, und viele Verbindungen gehen in die Brüche. Denn wir haben nicht gelernt, uns in andere einzufühlen und Empathie zu entwickeln. Lieber bleiben wir allein. Diesen Zustand kennen wir.

Auch wenn er nicht schön ist, ist er uns vertraut. Wir müssen uns nicht bewegen, müssen nicht aus der „Komfortzone" heraus und bleiben im vertrauten Elend. Schon jede fünfte Familie besteht aus nur einem Elternteil und Kindern. Diese Kinder vermissen ihren Vater. Er fehlt ihnen als Beschützer und Vorbild. Wie kann ein Junge unter diesen Bedingungen zum Mann werden? Wie kann ein Mädchen später als Frau Männern vertrauen? Fehlt die Mutter, sehnen sich die Kinder nach ihrer Mama und möchten so gerne von ihr in den Arm genommen, getröstet und versorgt werden. Wie kann ein einsames Kind später Empathie und liebevolle Gefühle entwickeln? Es hat nicht erfahren, wie Konflikte gelöst und bedingungslose Liebe gelebt werden.

Wirklich menschlich werden wir erst durch Gefühle und die Intelligenz unseres Herzens.

Gefühle sind notwendig, um eine Situation richtig einzuschätzen. So warnt uns Angst vor Gefahren, Trauer zeigt, dass wir etwas Wichtiges verloren haben, Freude zeigt, worauf wir Lust haben. Wer aber kaum Kontakt zu seinen Gefühlen hat, kennt seine persönlichen Bedürfnisse und Wünsche auch nicht.

Das ist bei kleinen Kindern nie die Frage: Sie wissen immer ganz genau, was sie wollen. Auch wenn sich dieser Wunsch von einem Moment zum nächsten völlig verändert. Sie wollen jetzt das Auto und nun das Eis und auch noch auf den Arm. Aber es stresst sie ungemein, wenn sie sich entscheiden müssen. Denn sie können noch gar nicht so abstrakt denken und absehen, was am Ende besser ist.

Kleine Kinder wollen ihre Umgebung untersuchen und verstehen. Und auf jeden Fall wollen sie dazugehören. Sie wollen geliebt werden und möchten selbst lieben. Und jedes Kind spürt, dass es am allerschönsten ist, wenn diese Liebe ohne Bedingungen ist.

Doch unsere Kinder scheitern mit ihrem menschlichen Grundbedürfnis.

Sie leiden an unserer verrohten Realität des heutigen Alltags. Denn unsere Gesellschaft ist hart geworden: Sobald Konflikte auftauchen, bekämpft sich das Paar, schweigt sich an oder geht auseinander. Dabei tragen die Kinder die größte Last. Denn sie lieben beide: Mama und Papa.

Ein neuer Lebensstil ist notwendig, in dem Liebe und Begeisterung dominieren.

Schon Generationen vor uns haben nicht gelernt, wie man Konflikte friedlich löst und die Liebe wieder wachküsst. Wir brauchen einen neuen Ansatz, der auf uralten Erkenntnissen beruht und in unseren humanistischen Ansätzen verankert ist.

Solch ein neuer Lebensstil kann die Not abwenden für Kinder und Erwachsene. Grundsätzlich ist jedem klar, dass wir alle gute und schlechte Seiten haben. Doch wir sollten nicht aus Angst oder Wut handeln und niemanden quälen! Schon gar nicht unsere Kinder!

Körperliche Strafen sind keine Wege der Liebe, ebenso wenig wie die Isolation. Schicken wir unser Kind auf die stille Treppe, benutzen wir eine menschliche Urangst. Es ist die Angst, nicht dazuzugehören. Diese Angst ist in jeder unserer

Körperzellen gespeichert. Denn wer früher vom Stamm vertrieben wurde, hörte sein Todesurteil. Er hatte keine Chance, allein in der Wildnis zu überleben, schon gar nicht als kleines Kind. Auch heute kann ein Kind nicht isoliert, ohne Liebe und allein gelassen überleben. Mit „der stillen Treppe" drohen wir ihm aber genau dies an. Diese „Erziehungsmethode" ist gerade hochaktuell, weil unglaublich wirksam. Sie ist bequem für Erwachsene und bricht den Willen des Kindes. Nun kann es nicht einmal mehr seinen Eltern vertrauen. Der Preis ist die Zugehörigkeit zur Familie.

Bei körperlichen Strafen ist es ähnlich. Bei einer Ohrfeige dreht das Kind den Kopf weg und schaut auf den Boden. Das Gleiche geschieht, wenn es übers Knie gelegt wird. Neben dem körperlichen Schmerz wird es gedemütigt, und es findet kein Blickkontakt zwischen Erwachsenem und Kind statt.

Eine humane und gute Methode, um Konflikte zu lösen

Wenn wir uns gegenseitig in die Augen sehen, öffnen wir uns und zeigen unserem Gegenüber unsere Gefühle. „Die Augen sind der Spiegel der Seele", heißt es. Wir zeigen uns so, wie wir sind: verletzlich und schutzlos. Und wir vertrauen darauf, dass uns der andere sieht und versteht.

Wenn wir bereit sind, auch unserem Gegenüber zuzuhören und in der gleichen offenen Weise zu begegnen, können wir verstehen, warum er so fühlt und reagiert. Dies ist ein respektvoller Umgang, der allen guttut und der zu guten Lösungen führt.

So lernen wir, uns in einen anderen Menschen einzufühlen. Auf diese Weise können wir die bedingungslose Liebe lernen, nach der wir uns so sehr sehnen. Und wir sollten alles klären, bevor die Sonne untergeht, damit wir ruhig schlafen können und sich der Groll nicht festsetzt. Diese Methode funktioniert zwischen Paaren und auch zwischen Eltern und Kindern. Sie erneuert die liebevolle Bindung auf wunderbare Weise.

Die Familie sollte ein Ort sein, an dem man Liebe bekommt und Liebe gibt. Wir alle brauchen Sicherheit, einen inneren Hafen, wohin wir uns zurückziehen können und wo wir uns wohlfühlen. Sich hierfür zu engagieren lohnt sich. Aber es ist eine Herausforderung, denn:

Eltern sind manchmal stark gefordert, ihr Kind zu lieben!

- Mein Erstgeborener war ein Frühchen und musste alle zwei Stunden gefüttert werden – Tag und Nacht. Irgendwann war ich schrecklich übermüdet.

- Als ein Nachbar zu mir kam und berichtete, dass mein Vierjähriger auf der Mülltonne steht und jeden fragt, ob er seinen Piller sehen möchte, war mir das schon peinlich.

- Ich traf eine Freundin, die mit ihren Kindern einkaufte. Der Sohn mit lila Haaren, die Tochter mit Glatze. Ich habe meine Freundin bewundert, wie selbstverständlich sie damit umging.

- Besonders bist du gefordert, wenn es Prügeleien gibt, Alkohol und Drogen ins Spiel kommen.

- Oder wenn deine hübsche Tochter mit Piercings im Gesicht nach Hause kommt.

So bist du als Mutter und Vater ständig gefordert, zu deinen Kindern zu stehen und sie zu lieben, ganz genau so, wie sie gerade sind! Das bedeutet, dass du dich engagierst und auch Grenzen setzt. Denn Liebe besteht nicht aus rosarotem Zuckerguss. Liebe macht uns nicht immer glücklich, sondern ist manchmal auch hart und schmerzlich. Liebe fordert uns heraus, zu dem zu stehen, was uns wichtig ist. Kinder sind starke Lehrer für ihre Eltern und fordern sie ständig auf, Neues zu lernen und innerlich zu wachsen.

Kindern geht es mit ihren Eltern ganz genauso. Sie müssen mit ihren altmodischen Eltern zurechtkommen, die ihnen gerade das verbieten, was Spaß bringt oder Abenteuer verspricht. Eltern verlangen, dass ihre Kinder duschen, zur Schule gehen und Hausaufgaben machen, anstatt das Festival zu besuchen oder nach Venedig zu trampen. Eltern wollen, dass Kinder ihr Zimmer aufräumen, Aufgaben im Haushalt übernehmen und mit dem Hund Gassi gehen. Sie sind oft ungerecht und gemein. Setzen völlig „unsinnige" Grenzen und meckern herum, gerade wenn man nachts telefonieren oder eine Pizza in den Backofen schieben möchte oder unbedingt auf eine Party möchte – auch wenn morgen eine Mathearbeit ansteht. Sie sind so schrecklich vernünftig!

Und trotz allem. Wir leben zusammen. Unsere Kinder sind lange von uns abhängig und an uns gebunden. Sie müssen uns ertragen. Und wenn wir ganz großes Glück haben, lieben sie uns.

Zur bedingungslosen Liebe gehört auch die Selbstliebe: Du musst dich selbst lieben! Selbst wenn es schwerfällt. Du weißt am allerbesten, dass du nicht perfekt bist und Fehler machst. Und doch kannst du alles hinter dir lassen: das Gefühl, nicht gut genug zu sein, deine Ängste, Schmerzen und Schuldgefühle und deine Selbstverachtung. Manchmal möchtest du dich am liebsten verkriechen, weil du dich schämst. Trotz alledem kannst du dir sagen: Ich liebe mich, so wie ich bin! Das ist zuerst ungewohnt und klingt wenig überzeugend. Doch es hilft alles nichts: Wir alle müssen bei uns selbst beginnen mit der Liebe. Und das gelingt dir auch! Denn es gibt eine wunderbare, kostbare Seite in dir. Die kannst du beleben, stärken und lieben. Du kannst dich mit deiner Kraft verbinden, mit deinem inneren Licht, mit deiner Liebe, mit der inneren Fülle deiner Gaben, mit deinen Talenten, Visionen und Hoffnungen. In dir gibt es tiefes Wissen, und du besitzt all deine Erfahrungen. Ein großer Schatz ruht in dir. Diese wunderbare Kostbarkeit macht dich aus, und darum kannst du jetzt voller Überzeugung zu dir stehen und sagen: „Ich liebe mich!"

Ich habe festgestellt, dass alles mit uns selbst beginnt. Wir müssen uns Gedanken darüber machen, wo wir hinwollen. Welche Werte uns auf dieser Reise am wichtigsten sind, und wie wir danach handeln können. Erst dann stehen wir mit beiden Beinen fest auf der Erde und wissen, wer wir sind. Wenn wir uns selbst achten und lieben, ist wahre Liebe zu anderen Menschen möglich, denn die Liebe strahlt aus unserem Inneren. Sie darf jetzt wachsen und sich entfalten.

Übung

Stell dich vor den Spiegel, schließe die Augen und atme tief ein und aus. Mach das so lange, bis du deinen eigenen Rhythmus gefunden hast und dich gut fühlst. Öffne nun die Augen und schau dir selbst in die Augen. Sie sind der Spiegel zu deiner Seele. Und deine Seele kennt ihren Wert! Sie weiß, dass du kostbar und wichtig bist. Schau in deine Augen und sage zu deinem Spiegelbild: „Ich liebe dich." Wiederhole dies einige Male und spüre, was es mit dir macht.

Wir erinnern uns daran, was gut ist für den Menschen

Ein erwachsener Mensch sehnt sich nach Liebe, genauso wie ein Kind. Es ist unser Inneres Kind, das diese bedingungslose Liebe unbedingt braucht. Es braucht diese Liebe, um sich sicher und geborgen zu fühlen, um kreativ, spontan und lebendig zu sein.

Die Grundlage dieser Liebe ist Empathie, denn ohne Empathie und Einfühlungsvermögen gelingt die Liebe nicht. Konrad Lorenz hat herausgefunden, dass ein Wolf, der materiell gut versorgt ist, mit der Zeit die typischen Wolfseigenschaften verliert. Genauso kann es uns Menschen ergehen! Denn wir haben die Verbindung zur Natur verloren, zerstören unseren Lebensraum und vertrauen stattdessen auf die Technik. So gut die moderne, allgegenwärtige Technik für viele Lebensbereiche auch ist: Wir müssen wachsam bleiben! Denn der Mensch muss die Technik beherrschen und nicht umgekehrt! Wir dürfen uns nicht von der Technik versklaven lassen! Wir geben viel auf, wenn wir ständig auf Bildschirme schauen, anstatt in die Augen unserer Mitmenschen.

Damit ich weiß, wie du bist, muss ich dich ansehen.

Durch das normale Leben und die Schule verlieren wir allmählich den Kontakt zu unseren Gefühlen, zu unserer Intuition und unserer Bestimmung. Wir können aber all dies wieder erinnern, wenn wir uns mit dem Kind verbinden, das wir einmal waren.

Übungen – Zeit für dein Inneres Kind

Zeit für dich alleine

Gönne dir jeden Tag eine Viertelstunde für dich ganz allein. Das hilft dir, dein inneres Gleichgewicht zu bewahren und dich selbst zu fühlen. Wunderbar ist es, wenn du dir für deine Zeit den Ort, an dem du dich befindest, schön machst. Wenn es in der Natur ist, beseitige Unrat und setz dich so, dass du einen schönen Ausblick hast und dich sicher fühlst. Oder klebe einen Zettel an die Tür, dass du nicht gestört werden möchtest, und stelle dein Handy auf Flugmodus. Sorge für eine schöne Atmosphäre. Ich mag gerne Kerzenlicht und frische Blumen.

Übung

Setz dich mit geradem Rücken hin, damit die Energien in deinem Körper ungehindert fließen können, und schließe sanft die Augen. Atme bewusst und tief ein und aus.

Bei jedem Ausatmen lässt du alte, verbrauchte Energien los. Lass alle alten Gedanken einfach davonfliegen. Fühl dich frei. Entspanne deine Stirn, lass die Schultern locker und atme die verbrauchte Luft aus.

Lenke nun deine Aufmerksamkeit aufs Einatmen: Du hast tief ausgeatmet und Platz geschaffen für neue, frische Lebensenergie. Atme tief und bewusst ein. Fülle deinen Brust- und Bauchraum mit neuem Sauerstoff und genieße das wunderbare Gefühl der Frische.

Bleibe noch einige Zeit dabei, bewusst aus- und einzuatmen.

Komm dann langsam zurück. Lass dir Zeit, bis du wieder die Augen öffnest! Und spüre etwas nach. Wie geht es dir?

Wenn du nichts fühlst

Übung

Sorge dafür, dass du nicht gestört wirst, und atme tief in deinen Bauch. Schließe die Augen und spüre, wie dein Körper reagiert.

Wenn du einfach nichts fühlst, atme weiter und geh tiefer mit dem Atem, in diese Leere, das Nichts. Wie fühlt sich der Bauch an? Wie reagiert dein Herz? Was macht dein Atem? Was hörst du? Was riechst du? Welchen Geschmack hast du im Mund? Wie fühlt sich die Unterlage an, auf der du sitzt? Wo fängt dein Körper an, wo hört er auf?

Öffne langsam die Augen.

Du merkst, dein Körper ist nicht ohne Impulse, Rhythmen, Geräusche und Gefühle. Und auch um dich herum kannst du ständig Eindrücke wahrnehmen: Eine Tür klappt, ein Auto fährt, ein Vogel singt, ein Kind lacht, jemand ruft nach seinem Hund oder du riechst den frischen Apfelkuchen, den die Nachbarin gerade backt.

Eine kleine Reise in deine Kindheit

Übung

Nimm dir eine kleine Auszeit, und erinnere dich an Schönes, als du ein kleines Kind warst.

- Weißt du noch, welches Märchen du gerne gehört hast?
- Oder welche Geschichte du immer wieder vorgelesen oder erzählt haben wolltest?
- Hast du noch dein Lieblings-Bilderbuch? Magst du es noch einmal ansehen?
- Was war dein Lieblingsspiel, und wo hast du am liebsten gespielt?

Nutze deine Fantasie und nimm Kontakt zu deinem Inneren Kind auf.

Geh an deinen Lieblingsort. Dies kann real oder mit geschlossenen Augen in der Fantasie geschehen. Geh einfach dorthin, wo du als Kind am liebsten warst.

Wenn du schon lange nicht dort warst, musst du vielleicht Spinnweben wegwischen und Ordnung machen. Das macht nichts. In der Fantasie geschieht das mit einem Fingerschnippen.

Sorge dafür, dass du nicht gestört werden kannst. Weder im realen Leben noch woanders. Kleb einen Zettel an die Tür oder benutze eine Geheimtür in die Welt der Erinnerung. Und dann stell dir vor, du begegnest dir selbst. Du bist jetzt erwachsen, aber du erinnerst dich daran, wie du als kleines Mädchen, als kleiner Junge warst. Es gibt Fotos, und du weißt, wie du damals ausgesehen hast.

Begrüße die kleine Ausgabe von dir und öffne dich ganz bewusst für dein jüngeres Ich. Frage es, wann es glücklich ist. Nimm dein Inneres Kind in den Arm, spüre die Verbundenheit und sieh ihm in die Augen. Jetzt ist eine gute Zeit, um miteinander zu sprechen. Dies geschieht in einer liebevollen Atmosphäre mit viel Verständnis füreinander. Der Erwachsene hat sich diese Zeit reserviert, um sein wunderschönes Inneres Kind wieder in sein Leben zu holen. Und das Innere Kind freut sich unglaublich, dass es gesehen, gehört und gefragt wird, was ihm Freude bringt und was es braucht, um glücklich zu sein. Es erinnert sich daran, was es erleben will und was seine Aufgabe ist. Vielleicht erzählt es jetzt davon.

Komm langsam aus deinen Erinnerungen zurück in den Alltag. Bewege Hände und Füße, öffne die Augen und lass die Erinnerungen noch etwas nachschwingen, bevor du dich um andere Dinge kümmerst.

Dein Inneres Kind liebt kleine Abenteuer im Alltag.

Unsere Kinder lieben Abenteuer, und genauso geht es unserem Inneren Kind. Es fühlt sich dann lebendig und herausgefordert. Und uns geht es genauso. Wir können, anstatt im 5-Sterne-Hotel zu übernachten, mal im Freien am Strand unter tausend Sternen schlafen. Wir können unser Eis so genießen, wie es Kinder tun, und ganz langsam auf der Zunge zergehen lassen. Wir können Blumenduft tief einatmen und in uns aufnehmen.

Ja, wir können wieder aktiv werden, mit offenen und interessierten Augen durch die Welt gehen. Wir können Abenteuer erleben, Geheimnisse entdecken, Überraschungen erleben, Neues ausprobieren, einmalige Chancen wahrnehmen und wieder Entdecker werden. Es ist Zeit für viele „erste Male". Sie alle wecken unser Inneres Kind und laden es in unser Leben ein.

2. Was kann uns daran hindern, unsere Berufung zu leben?

Warum erleben wir Mangel? Um uns ist die Fülle!

Um uns ist die Fülle, und wir erfahren ganz viel Mangel in unserem Leben. Viele Menschen haben zu wenig von allem. Woran liegt das? In der Natur gibt es die Fülle pur. Es ist unglaublich viel da. Die Natur ist verschwenderisch mit ihren unendlich vielen Blüten und Früchten, ganz unterschiedlichen Pflanzen und Tieren. Für uns ist dies so selbstverständlich, dass wir gar nicht mehr darüber nachdenken. Wir pflücken die Früchte, und im nächsten Jahr wachsen sie wieder. Wir mähen den Rasen, und er wächst nach. Die Fülle kommt immer wieder und lässt sich nicht unterdrücken. Selbst zwischen Pflastersteinen und Mauern wachsen Gräser und kleine Blumen. Auch alle Wildkräuter wachsen weiter, wenn wir ihre Blätter und Blüten pflücken. Alles wächst in Hülle und Fülle.

Doch warum leben wir nicht in Fülle? Wir sind auch ein Teil der Natur. Also müsste auch in uns die Fülle zu finden sein. Und das ist auch so. Es gibt eine innere Fülle in jedem von uns, unendliche Möglichkeiten wurden in dir und anderen geschaffen. Wir müssen die Gaben und die Liebe, die wir erhalten haben, nur nutzen und weitergeben. Aber wir vertrauen uns selbst nicht und bringen nicht das Besondere, das wir mitgebracht haben, zum Ausdruck. Wir glauben nicht an unsere Talente und Gaben. Doch alles ist in uns angelegt. Wir müssen es nur erkennen, pflegen, nähren und wachsen lassen.

Nun haben wir lange genug gewartet. Die Zeit ist gekommen, die Fülle in uns zum Ausdruck zu bringen. Wir haben sie verkümmern lassen, uns versteckt und die Kraft zurückgehalten, die hinauswill. Die Angst, nicht gut genug zu sein, hielt uns lange genug umklammert. Wir können uns jetzt entscheiden, die Angst hinter uns zu lassen. Wenn wir durch diese Angst hindurchgehen, werden wir erstaunt feststellen, dass ein Wunder geschieht: Sie wird kleiner und kleiner und hat keine Kraft mehr über uns. Wir lassen die Angst einfach hinter uns, und dann zeigt sich unsere innere Fülle. Ich habe die Beobachtung gemacht, dass für mich ein Seminar am besten läuft, je weniger Zeit ich hatte, um Pläne zu machen. Aus Angst bereite ich doch immer etwas vor, aber je weniger Gedanken ich mir vorher mache, desto spontaner kann ich im Coaching oder Kurs sein. Mir kommen die kreativsten Ideen, und ich spüre eine innere Gewissheit, die mir sagt, was am besten passt. Alles fügt sich leicht und spielerisch ineinander und ergibt zum Schluss ein harmonisches Ganzes. Wir haben Spaß, und Heilung geschieht einfach aus dem Augenblick heraus. Eine ansteckende Lebendigkeit versprüht frische Energie, je mehr ich meiner Intuition vertraue. Diese Situation hätte ich niemals so planen können.

Sobald unsere Kraft fließt, zeigt sich unser Talent, und dann folgt die Fülle im Außen. Wir müssen nicht viel tun. Es geschieht einfach, wenn wir voller Vertrauen unsere Energie kommen lassen und nicht gegen das ankämpfen, was sich zeigen möchte. Dieser Weg erscheint in der Theorie sehr einfach, doch er ist schwierig umzusetzen. Denn solange wir aus Angst gegen unsere Kraft ankämpfen, schwächen wir uns selbst. Das ist so, als ob sich ein Krieger selbst am Bein verletzt und sich dann wundert, wenn er schlecht laufen kann. Solange wir uns selbst boykottieren und unsere Kraft zurückhalten, müssen wir nicht darüber erstaunt sein, wenn sich keine Fülle in unserem Leben zeigt. Denn die Fülle im Außen ist ein Spiegel für unsere Fülle im Inneren. Das bedeutet: Wir müssen erst unsere inneren Reichtümer entdecken und an uns glauben, bevor sie sich im äußeren Leben zeigen.

Übung

- Schließe die Augen und beginne, gleichmäßig und tief zu atmen.
- Spüre deinen Körper und deinen Atemrhythmus. Jetzt ist deine Zeit. Du musst überhaupt nichts tun! Schau einfach einmal auf dich und dein Leben, wie es deine Großmutter tut, die an dich glaubt und dich liebt. Oder denke an jemand anderen, der dich in seinem Herzen trägt.
- Niemand kritisiert dich. Niemand will dich verbessern. Niemand lehnt dich ab!
- Entspann dich einfach: Du bist richtig, genau so, wie du bist!
- All deine Gefühle sind gut, so wie sie sind. Sie gehören alle zu dir.
- Und ganz wichtig: Hab keine Angst vor deiner Kraft! Folge ihr und kämpfe nicht dagegen an.
- Genieße die Zeit und verbünde dich mit der wunderbaren und heilsamen Kraft, die in dir ruht.
- Komm langsam zurück, indem du wieder bewusst und tief atmest, deinen Körper spürst und dann langsam die Augen öffnest.

Wie wir unsere Kraft und Energien einsetzen

Mein Sohn Matthias war sehr aufgeregt vor seiner ersten Klassenfahrt, so wie die meisten Kinder, die das erste Mal ohne ihre Familie verreisen. Tapfer stieg er mit seinem schwarzen Kuschelpanther im Arm in den Bus. Am Abend gab es einen Rundruf, dass alle gut angekommen sind, und wir waren beruhigt.

Doch am zweiten Tag bekam ich einen aufgeregten Anruf vom Lehrer: Ich sollte meinen Sohn sofort und gleich abholen. Er habe einen Klassenkameraden verprügelt, und das ginge gar nicht! Ich fragte nach, was genau passiert ist. Wie es dem Jungen geht und was Matthias gemacht hat. Schließlich beruhigte sich der Lehrer. Und da die Reise sowieso am folgenden Tag zu Ende sei, konnten wir uns darauf einigen, dass Matthias noch bleiben konnte und alle gemeinsam kommen würden. Ich versprach, mit meinem Sohn ein ernstes Gespräch zu führen …

Als die Klasse ankam, sprach ich noch kurz mit dem Lehrer und nahm meinen völlig bedrübbelten Sohn in Empfang. Nach dem Mittagessen fragte ich ihn, wie es ihm geht und ob er mir erzählen möchte, was passiert ist. Er sagte: „Wir gingen die Treppe runter, und Peter fing an, an meinem Ärmel zu fummeln. Das wollte ich nicht und hab ihm in den Bauch geboxt. Da ist er einfach zusammengeklappt. Das hat mir ganz doll leidgetan. Peter hat es gleich Herrn Jovi erzählt, und dann schimpften alle mit mir."

Ich nahm Matthias in den Arm und sagte ihm, dass ich ihn lieb habe und ganz stolz auf ihn bin, weil er so stark ist. Er guckte mich groß an und konnte es kaum glauben. „Diese Kraft, die du hast, ist enorm! Und nun müssen wir mal überlegen, was du mit all deiner Kraft anfangen kannst. Du kannst anderen wie Peter damit wehtun. Und du kannst sie aber auch dafür nutzen, um etwas Gutes zu tun." Matthias überlegte kurz. „Dann mach ich lieber was Gutes." Das fand ich dann auch super! Nach dem Wochenende meldeten wir ihn zum Judo an. Zwei Jahre später wechselte er zum Karate. Bis heute ist er aktiver Karateka und hat mehrere Schwarzgurte.

Herauszufinden, was man will, was einem guttut und was nicht, ist ein schwieriger Prozess, und sich auszuprobieren erfordert Mut. In Matthias zeigte sich schon früh eine Kraft, die sich entfalten und ausdrücken wollte. Er brauchte nur einen kleinen Schubs in die richtige Richtung, als sich seine Kraft zeigte. Beim Karate lernte er Fairness, Respekt, Kampfgeist, geistige Klarheit, Verantwortung, Ethik, Selbstvertrauen und vieles mehr. All dies prägte seine Persönlichkeit und entspricht der Sehnsucht seiner Seele. Mit dieser Power kann er die Welt verändern. Er forscht über alte Kulturen und ihr Wissen, das wir heute nicht mehr leben.

Wir alle sehnen uns danach, in Freude zu leben, unsere Gaben zu entfalten und in die Welt zu bringen. Doch oft verkümmern unsere Kräfte und Fähigkeiten. Das geschieht nicht von allein, sondern dadurch, dass wir anderen mehr vertrauen als uns selbst. Wir glauben eher an die Fähigkeiten unseres Partners als an unsere eigene Kraft, etwas zu schaffen oder zu wissen.

Kein Mensch lebt, um im Beruf Karriere zu machen! Es steht immer vielmehr dahinter. Er möchte frei sein, Anerkennung erhalten, Geld verdienen, unabhängig sein, der Beste sein …

Wer seiner Berufung folgt, folgt seinem inneren Ruf und bringt das nach außen, was sich zeigen will. Es gibt viele Ausreden, um dem Inneren nicht zu folgen. „Ich verdiene nicht genug Geld damit“ oder „Ich bin nicht gut genug“. Doch was bedeutet es, wenn wir unsere Berufung nicht leben? Es bedeutet, dass wir unser Leben nicht leben!

Aber du weißt, dass etwas nicht richtig ist, wenn es sich nicht richtig anfühlt.

Wir haben oft die Vorstellung, dass wir nur Erfolg haben, wenn wir uns richtig anstrengen. Doch das ist nicht so. Denn oft ist unsere Berufung genau das, was uns die größte Freude macht. Und wenn wir uns jeden Tag dafür Zeit nehmen, kommt ganz bald die berufliche Berufung zu uns. Im Alltag geht es Müttern oft so, dass sie erst alles für die anderen tun und keine Zeit für sich allein reservieren. Dann besteht die große Gefahr, dass sie sich irgendwann selbst verlieren und nicht mehr wissen, was sie wollen. Dann sind sie auf das Boot der anderen gesprungen und steuern nicht mehr ihr eigenes Lebensschiff. Sie merken es, wenn sie Ruhe nicht aushalten können und sofort Musik oder den Fernseher anschalten, sobald sie allein sind.

Aber nur wenn du in der Stille bist, kannst du wahrnehmen, wie du dich gerade fühlst. Wenn du sagst „Dafür habe ich keine Zeit“, musst du dir die Frage gefallen lassen: „Wofür hast du keine Zeit, wenn nicht für dich? Für dein Leben?“

Was uns so erschöpft

Der Alltag legt sich mit Macht über unser Märchen der Kindheit. Die Zeiten der Magie, Wunder und des Spiels verschwinden aus unserer Welt. Und es kostet viel Kraft, sich aus all dem Gelernten und Üblichen zu lösen. Doch unsere „Normalität“ zeigt immer deutlicher ihre lebensfeindliche Einstellung: Wir haben einen enormen Fleischkonsum. Es werden immer mehr Autos zugelassen. Die Menschen, die am härtesten arbeiten, erhalten die geringsten Löhne. Die Natur wird ausgebeutet und wahllos bebaut. Rückzugsorte für Tiere und Menschen werden verplant und gestrichen. Erst wenn wir das ganze Bild sehen, verstehen wir, was geschieht, wenn Menschlichkeit durch Wirtschaftlichkeit ersetzt wird.

Wenn alles unverbunden ist, ist alles porös. Wenn du jedoch mit dir selbst verbunden bist, sind dein Verstand, dein Geist, deine Gefühle und dein Körper im Gleichklang. Du sagst, was du meinst, und tust, was du sagst. Dadurch vertraust du dir selbst mehr und mehr. Auch für andere wirst du vertrauenswürdig, denn sie merken: Du stehst zu deinem Wort!

Um etwas von der Welt zu erhalten, wie wir sie als Kinder kannten, muss vieles sehr rasch verändert werden. Denn unserer aller Lebensgrundlagen – Land, Wasser, Luft, Pflanzen und Tiere – sind zur Handelsware degradiert worden. Die Wirkungen dieser kranken Denkweise zeigen sich in massenhafter Erschöpfung.

Mauern um unser Herz

Auf dem Weg, unseren Traum zu leben, gibt es immer wieder emotionale Erschütterungen und Dinge, die uns betroffen machen. Tiefe Erfahrungen prägen jeden von uns, und wir entwickeln im Laufe des Lebens innere Einstellungen,

Haltungen und feste Überzeugungen davon, wie das Leben ist. Um uns vor Verletzungen zu schützen, errichten wir dicke Mauern um unser Herz. Nun sind wir zwar sicher, aber auch einsam.

Wenn du Herausforderungen meisterst, wächst du über dich hinaus, indem du Neues wagst, Ängste überwindest und zu dir selbst stehst. Emotionalen Verletzungen können dir helfen, deine größten Talente und Stärken zu finden. Mit ihrer Hilfe kannst du deine aufrichtige und unabhängige Einstellung wiedererlangen.

Denn ein Trauma besteht nicht nur in dem, was geschehen ist. Seine enorme Kraft entwickelt es erst durch die Art und Weise, wie du dich daran erinnerst. Es kommt also auf dich an, welche inneren Bilder du in dir trägst und welcher Geschichte du deine Lebensenergie gibst. Psychologen sind davon überzeugt, dass sich Teile der Psyche leicht abspalten, wenn wir einen Schock oder ein Trauma erleben. Heiler sagen, dass uns jede seelische Verletzung einen Teil unserer Seele rauben kann. Dies geschieht manchmal, wenn wir noch Kinder sind. Wenn wir abhängig von Erwachsenen sind, passen wir uns an und akzeptieren ihre Version der Wahrheit. Dies hat zu bestimmten inneren Haltungen geführt. Darum wird unser Verhalten häufig von unserer Vergangenheit bestimmt. Etwa dann, wenn wir als Erwachsener mit einer Situation konfrontiert werden, die uns an die ursprüngliche Situation erinnert. Dann macht uns mangelndes Selbstbewusstsein mutlos, obwohl es uns nicht an Kompetenz fehlt. Wir stellen uns infrage und zögern, anstatt unsere Möglichkeiten zu erkennen. Und noch schlimmer: Weil wir Angst haben, nicht alles perfekt machen zu können, beginnen gar nicht erst. Wir zweifeln an uns und fühlen uns nicht liebenswert. Doch jeder kann Vergangenes hinter sich lassen und ganz im Jetzt leben. Denn glücklicherweise gibt es erprobte Möglichkeiten, um mit alten Verletzungen so umzugehen, dass sie heilen.

Ein Teil von uns, nennen wir es das Ego, hat einen enormen Selbsterhaltungstrieb. Wenn wir uns kurz erinnern, so ist die ursprüngliche Aufgabe des Egos eigentlich nur, unser körperliches Überleben zu sichern. Dafür sind wir dankbar, denn ohne Körper könnten wir all die Erfahrungen auf der Erde nicht machen. Doch unser Ego ist immer größer geworden, es hat sich aufgeblasen und sehr weit ausgedehnt. Außerdem geht es mit der Angst Hand in Hand. Und nun sorgt unsere Angst dafür, dass wir uns meistens innerhalb der bekannten Sicherheitszone bewegen und kein Risiko eingehen. Dort, wo alle sind, sind wenige Abenteuer zu erleben. Denn im Mittelmaß bewegen sich zu viele. Immer wenn wir der Angst folgen, macht sie uns eng und schafft Stillstand und führt dazu, dass wir ein kleines Leben führen. Unser Ego ist erfinderisch: Wir sehen uns als Opfer, stellen Ansprüche und übernehmen keine Verantwortung für uns und andere. Unser Ego will um alles in der Welt Recht haben und wiegt uns in trügerischer Sicherheit, damit alles so bleibt, wie es ist.

Viele Psychologen sagen, wir müssen unsere Vergangenheit durcharbeiten, um Klarheit zu erlangen und Zugang zu unserer Kraft zu finden. Das mag oft hilfreich sein, um Zusammenhänge zu verstehen. Doch wenn der Kopf versteht, bedeutet es nicht, dass das Herz Frieden und neuen Mut findet. Die Frage ist: Wo beginnt und wo endet die Therapie? Muss alles Vergangene bearbeitet werden?

Indigene Lehrer sind nicht dieser Ansicht! Sie sagen: „Vergiss die Vergangenheit! Sie ist vorbei! Stell dich der Gegenwart und ihren Herausforderungen, und schaffe dir eine schöne Zukunft. Konzentriere dich auf das Wesentliche, und lass dich nicht ablenken. Finde heraus, was dich glücklich macht, und konzentriere dich darauf. Gib der Vergangenheit keine Macht über dich, und hör auf, im Dreck zu wühlen! All der aufgewirbelte Kram hindert dich daran, klar zu sehen. Du weißt dann auch nicht mehr, als dass es der Dreck von gestern ist!" Alte Völker vertrauen sehr auf die in uns lebenden Selbstheilungskräfte. Selbstverständlich wissen auch sie, dass wir vieles nicht ungeschehen machen können. Aber sie machen uns Mut, indem sie sagen: **„Das, was dir schaden wollte oder dir nach dem Leben getrachtet hat, war nicht so stark wie du. Denn du stehst heute vor mir! Du hast überlebt. Darum richte dich auf und sei stolz. Die Narben, die du vom Kampf hast, erzählen von deiner Tapferkeit und großen Stärke!**" Sie richten uns auf und sorgen dafür, dass wir unsere Kraft, Würde und Lebensfreude wiederfinden und uns ganz bewusst im Jetzt bewegen.

Angst hat eine einzige Funktion: Sie schlägt Alarm, wenn Gefahr droht. Und dadurch rettet sie uns das Leben. Gibst du der Angst den kleinen Finger, nimmt sie die ganze Hand. Gibst du ihr mehr Raum, als ihr zusteht, entsteht ein Energiestau in deinem Inneren, und dunkle Energien fressen deine kreative Kraft, deine Lebensfreude und deinen Humor. Dann fehlt deinem Leben das Wesentliche: Liebe und Zärtlichkeit, Schönheit und Selbstrespekt! Liebe steht zur Angst wie Dunkelheit zum Licht. Ist das eine da, muss das andere gehen. Dunkelheit löst sich auf, wenn du ein Licht anzündest. Genauso verschwindet Angst, wenn du Liebe empfindest. Angst sendet dem Körper das Signal, dass ganz schnell alle Kräfte gebündelt werden müssen, damit du kämpfen oder fliehen kannst. Das bewirkt, dass sofort alles Blut in die Arme und Beine fließt. Für Notsituationen ist das genial und lebensrettend! Für deinen Alltag bedeutet es: Wenn deine Angst dich in Flucht - oder Kampfstimmung bringt, kannst du nicht mehr klar denken oder deine Liebe fühlen.

Auf keinen Fall darfst du zulassen, dass dich die Angst von deinem Lebenswerk abhält! Denn du musst tanzen, wenn du zum Tanzen geboren bist!

In dir glimmt ein Feuer, an dem du dich wärmen kannst. Irgendwann erinnerst du dich daran, dass ein tief vergrabener Schatz in dir existiert, den du heben wirst. Und deine Seele weiß, dass es einen geheimen Bereich gibt, den du entdecken kannst, um deinen Weg fortzusetzen. Du ahnst es: Jetzt ist der Zeitpunkt gekommen, dich auf die Suche zu begeben.

Die Botschaft des Aufbruchs und Neubeginns erreicht zuerst dein Herz. Du spürst, dass etwas Neues in dir entsteht, das gelebt werden will. Es drängt danach, seinen Raum auszufüllen. Es ist wie eine Naturgewalt. In der Natur geschieht das Gleiche im Frühjahr. Dann bricht das neue Leben hervor: Neue Pflanzen verändern das Gesicht der Erde, indem sie es mit bunten Blumen und saftigem Grün schmücken. Junge Tiere und kleine Kinder spielen ausgelassen und fröhlich. Die Luft ist von Lachen und Leichtigkeit erfüllt. Und wie jedes Jahr zwitschern die Vögel das Lied des Neuanfangs und singen davon, wie alles in Schönheit miteinander verbunden ist.

Unser wunderbares Herz

Es schlägt ungefähr drei Milliarden Mal im Laufe unseres Lebens. Unser Herz ist unser unermüdlicher Taktgeber, ein Supermotor und der Ort, an dem die Liebe wohnt. Das Herz pumpt in einer Minute das Blut durch unseren gesamten Körper und bewegt ca. 7000 Liter an einem einzigen Tag. Mit dieser Leistung könnte es 30 Wassereimer in einer Stunde füllen. Unser Herz kann sich extremen Situationen anpassen und unter Belastung von ca. fünf auf 20 Liter pro Minute fördern. Das Herz galt in vielen Kulturen als Sitz der Seele, als Zentrum von Mut und Lebenskraft, und natürlich ist es zuständig für all unsere Gefühle und ganz besonders für die Liebe. Es kann vor Angst schlagen und vor Freude hüpfen. Wir können uns ein Herz nehmen, Achtsamkeit üben und etwas Zeit nehmen. Schon ruhiges Atmen gibt dem Herzen das Signal: Du kannst dich entspannen. Dann synchronisieren sich Herzrhythmus und Atemfrequenz, und auch der Geist entspannt sich. Lauschen ist Achtsamkeit. Achtsames Hören bedeutet, dass man sich der Töne um sich herum bewusst wird, indem man dem Vogelgesang und den Tönen der Natur oder schöner Musik lauscht.

Unser Herz ernährt sich von Erinnerungen und Bildern, vom Geruch der feuchten Erde und von Blumen.

Fehlende innere Balance

Unser Alltag bringt unseren natürlichen Herz- und Atemrhythmus oft aus dem Takt, denn er wird weitgehend von Technik, Logik, Wissenschaft, Wirtschaft und Vernunft bestimmt. Das geht unseren Kindern nicht anders als uns. Was unsere Kinder mitbringen an Neuem und Außergewöhnlichem, an persönlichen Erfahrungen, Spiel und Leichtigkeit, Begabungen, Gefühlen, philosophischen Gedanken, Neugier, Lebensfreude und intuitivem Wissen spielt keine Rolle. In der Schule werden unsere Kinder benotet, und wir erstellen sogar Studien darüber, was sie im Vergleich zu anderen Gleichaltrigen leisten. Kinder lernen schon früh, wie unsere Welt funktioniert. Und wir signalisieren ihnen, dass sie so, wie sie sind, nicht richtig sind. Wir haben vergessen, dass Ermutigung, Hoffnung, Humor, Kreativität und Lebensfreude Wunder bewirken können. All dies macht deutlich, dass unsere Erfahrungswelt jetzt umgeschaltet werden muss von der übermäßigen Nutzung der Logik und Technik hin zu Erfahrungswissen und positiven Gefühlen.

Die einseitige Nutzung unserer Fähigkeiten bringt uns weg von unserer Balance, von unserem geraden Rücken und unserer Aufrichtigkeit.

Die linke Gehirnhälfte ist stark geschult durch logisches, schlussfolgerndes Denken. Denn intellektuelle Fähigkeiten und kritisches Hinterfragen stehen in der Schulbildung im Mittelpunkt. So verlieren wir schon als Schüler das Gefühl dafür, in unserer Mitte zu ruhen. Nicht das, was Schüler richtig machen, wird lobend hervorgehoben, sondern ihre Fehler werden rot angestrichen. Diese Kritik über viele Jahre zerstört schon früh unsere natürliche Selbstachtung und Selbstliebe.

Im Alltag leben wir mit viel Technik. Es gibt unzählige Mails, WhatsApp-Nachrichten und Aufgaben, die wir möglichst gleichzeitig lösen müssen. Wir werden von den unterschiedlichsten Eindrücken beeinflusst. Die meisten tragen nicht zu unserem Wohlbefinden bei, sondern beunruhigen uns. So sind wir ständig in innerer Alarmbereitschaft, können immer seltener abschalten und zur Ruhe kommen.

Die Fähigkeiten der rechten Gehirnhälfte sind zuständig für eine ganzheitliche Wahrnehmung. Dazu gehören das Spiel, die Kreativität und Fantasie. Unterrichtsfächer wie Musik, Kunst und Sport werden schnell gestrichen, und in der Schule fehlt die Vorbereitung auf das praktische Leben völlig. Doch eine ganzheitliche Betrachtungs- und Lebensweise sollte an die nächste Generation weitergegeben werden. Es könnte Unterrichtsfächer geben wie Die Lehre vom Glück, Das Wissen vom guten Umgang miteinander, Friedenserziehung und Problemlösungsstrategien, Überleben in der Natur, Leben und Sterben, Das Wissen um die unterschiedlichen Fähigkeiten von Tieren, Ökologische Zusammenhänge, Die Entwicklungspsychologie des Menschen, Wie wir unsere Bestimmung und unsere Berufung finden, Wissen, wie wir uns entspannen, in unsere Mitte kommen und auf unsere innere Stimme lauschen …

Da all diese Themen nicht angesprochen werden, leben wir in einem sehr ungesunden Zustand, der uns schwächt. Nach einiger Zeit der Überforderung schalten wir ab, trennen unsere Gedanken von unseren Gefühlen und bauen dicke Schutzmauern um das Herz, um nicht noch mehr verletzt zu werden.

Wichtig ist die Balance zwischen Intellekt und Gefühl. Sie sind wie die beiden Flügel eines Vogels. Erst wenn beide gleich stark entwickelt sind, kann sich der Vogel in die Lüfte erheben und fliegen.

Was sagt die Wissenschaft?

Stress ist ein Grund, der uns daran hindert, unsere Berufung zu leben.

Wir können im Alltag oft keine gesunde Balance finden zwischen Anspannung und Entspannung. Das Innere Kind spiegelt dies. Kinder haben einen natürlichen Bewegungsdrang. Sie hüpfen und rennen, klettern und springen, laufen vorwärts und rückwärts. Sie balancieren, tanzen und jagen hinter einem Ball her. Doch all diese Fähigkeiten gehen zunehmend verloren. Heutige Kinder bewegen sich sehr viel weniger als in früheren Zeiten. Menschen sind eine Einheit aus Körper, Geist und Seele. Und darum wird unser Gehirn bei jeder Bewegung gefordert. Es koordiniert Schauen, Riechen, Fühlen und Hören.

Darum brauchen Kinder Spiele und Anregungen, die Lust aufs Aktivsein machen.

Der Neurowissenschaftler Daniel Levitin hat herausgefunden, dass wir heute fünfmal mehr Informationen aufnehmen als noch vor 30 Jahren. Da ist es nicht verwunderlich, dass sich ein allgemeiner Erschöpfungszustand breitmacht. Denn die Angst, etwas zu verpassen, ist groß bei der Informationsflut. Ständiger Stress führt zum Burn-out, wenn man nicht auf sich aufpasst. Im Job stellen wir an uns den Anspruch, wie ein Computer Multitasking zu machen, und arbeiten parallel an unterschiedlichen Vorgängen. Doch das Gehirn kann effektiv nur an einer Sache nach der anderen arbeiten, sonst erschöpft uns die Arbeit zu sehr.

Als Erwachsene sitzen wir tagtäglich mit vorgestrecktem Kopf wie eine Schildkröte vor dem Bildschirm. Das Innere Kind langweilt sich und verkümmert. Schließlich zieht es sich aus unserem Leben zurück.

Doch es geht auch anders: Wer schon einmal bei der Watt-Olympiade in Brunsbüttel war, der kann mit viel Spaß erleben, wie Erwachsene Quatsch im Matsch machen. Hier ist alles erlaubt, und ihr Inneres Kind kann ausgelassen seinem Spieltrieb folgen. Beim Fußball stecken alle knietief im Schlick und schlagen spätestens nach drei Schritten mit dem Gesicht auf. Sie fallen zu mehreren übereinander und sind nicht mehr voneinander zu unterscheiden. Falls jemand einen Ball trifft, bespritzen sie sich gegenseitig mit Schlick. Die Mannschaften heißen Wattpupser oder Prinzessinnen (einige Prinzen dazwischen fallen gar nicht auf). Es gibt ein gut besuchtes Wattpsychologisches Institut, und derjenige, der den Siegerpokal erhält, bekommt ihn unverdient, aber dennoch. Die allgemeine Stimmung ist ausgelassen und fröhlich, überall lachende und glückliche Gesichter bei Kindern und Erwachsenen. Alle sind entspannt.

Doch im Alltag wird oft alles zu viel, zu doll und zu schnell. Dann reagieren wir instinktiv, indem wir die Muskeln anspannen und in Abwehrstellung gehen. Wir sind sozusagen sprungbereit und somit aktiviert für den Kampf. Kampf war ursprünglich ein Nahkampf, meistens ein Zweikampf. Auch wenn es den Nahkampf in alter Weise kaum mehr gibt, reagiert unser Körper bei Stress immer noch ähnlich. Doch statt eines sprungbereiten Abwehrkampfes, in dem wir unsere aufgestauten Emotionen abreagieren könnten, bleiben wir im Stress. Der Zeitdruck, die Arbeitsbelastung und der soziale Druck bleiben. Und das kann zu Muskelverspannungen führen. Denn die eingefrorenen Emotionen lassen uns erstarren, sodass wir im Laufe des Lebens immer größere Lasten auf unseren Schultern tragen.

Stress ist eine notwendige Reaktion und Emotion, um bessere Leistungen zu bringen. Das menschliche Gehirn arbeitet so, dass man zumindest ein klein bisschen gestresst sein muss, um vom Sofa aufzustehen und überhaupt etwas zu tun. Stress ist allerdings nur dann positiv, wenn er nicht länger andauert. Lang andauernder Stress beeinflusst die Gesundheit negativ. Eine Studie der Berkeley-Universität hat gezeigt, dass ununterbrochener Stress das Gehirn davon abhält, neue Zellen zu produzieren. Deshalb ist es wichtig, dass man aus stressigen Situationen auch wieder herauskommt und sie nicht zum Dauerzustand werden. Tiere machen uns vor, wie das geht: Wird eine Antilope von einem Löwen gejagt, aktiviert sie all ihre Kräfte, um zu entkommen. Ist sie dann in Sicherheit bei ihrer Herde, schüttelt sie sich kräftig und grast entspannt mit den anderen weiter.

Wie wir in Stresssituationen ruhig bleiben

Dies wirkt sich direkt auf die Leistungen und die allgemeine Stimmung aus. Um besser mit Stress umzugehen, gibt es bewährte Anti-Stress-Strategien.

1. **Sei dankbar für das, was du hast!** Wer an seiner positiven Einstellung arbeitet, senkt seinen Cortisolspiegel, hat bessere Laune, mehr Energie und fühlt sich besser. All dies reduziert den Stresspegel.

2. **Vermeide Sorgen und Grübeleien!** Was wäre, wenn … ich zu spät komme? ... ich keinen Parkplatz finde? ... dies und das passieren würde? All diese Fragen sind unnötig. In dieser Zeit könntest du schon eine Lösung finden …

3. **Bleib positiv!** So holst du dich selbst aus dem Stressmodus. Finde an einem schlechten Tag etwas Schönes, das gut gelaufen ist, über das du dich gefreut hast.

4. **Schalte ab!** Geh ohne Handy in die Natur, triff Freunde, sei nicht jederzeit erreichbar und verfügbar.

5. **Schlafe genug, atme tief** durch und wage es, glücklich zu sein!

Wir haben uns zu weit von der Natur entfernt.

Dabei sind uns unsere Instinkte abhandengekommen. Zum Beispiel der Instinkt, für unsere Nachkommen zu sorgen. Denn eigentlich sorgen wir nur für uns selbst. Für uns und unsere Kinder, höchstens noch für unsere Enkel. Die Generationen, die nach uns kommen, vergessen wir. Wir nehmen Eingriffe vor, die Hunderte von Generationen nach uns beeinflussen, wie zum Beispiel Genveränderungen und alle Arten von Umweltverschmutzungen. Wir lassen es zu, dass sich Firmen Wasserrechte sichern, die Rechte auf Heilpflanzen und darauf, unsere Böden zu vergiften. Pipelines werden durch heiliges Gebiet, in dem Indianer ihre Toten begraben, gezogen. Urwälder werden gerodet ... Das zeigt, dass wir unseren natürlichen Instinkt verloren haben und falsche Prioritäten setzen. Wir sorgen nicht füreinander, leben isoliert voneinander und vergessen die, die nach uns kommen.

Naturverbunden lebende Völker fragten sich, wie ihr Handeln die nächsten sieben nach ihnen folgenden Generationen beeinflusst. Sie hatten einen sehr weiten Horizont und wussten, dass uns die Erde nicht gehört. Nicht das Wasser, die Luft, die Erde oder das Feuer. Es gab das Grundrecht auf sauberes Wasser, saubere Luft, saubere Erde, ursprüngliche Pflanzen und Natur.

Eine kleine Geschichte von Jorge Bucay

In einer Oase mitten in der Wüste kniet der alte Eliahu. Als sein Nachbar, der wohlhabende Hakim, vorbeikommt, fragt er: „Was machst du in der Hitze?" „Ich säe Datteln." „Die brauchen 50 Jahre, bis sie Früchte tragen. Du wirst von deinen Bäumen kaum etwas ernten." „Ich habe mein Leben lang Datteln gegessen, die ein Fremder gesät hat", sagt Eliahu. „Nun bin ich an der Reihe, damit andere morgen Datteln haben." „Damit hast du mich soeben etwas gelehrt." Zum Dank schenkt Hakim dem Alten einen Beutel Münzen. „Siehst du", antwortet dieser, „du hast vorher gesagt, dass ich nichts ernten würde. Nun habe ich noch gar nicht zu Ende gesät und schon einen Beutel Münzen, Dankbarkeit sowie Freude geerntet."

Viele Menschen haben dazu beigetragen, dass die Menschheit da steht, wo sie jetzt steht. Auch unsere Vorfahren hatten ihre Träume. Sie führten Kriege und bezahlten sogar mit ihrem Leben dafür, dass ihre Familien frei leben konnten. Sie schufen wundervolle Lebenswerke, schrieben die Bibel und Tausende von Büchern. Sie erforschten Gestirne, bauten Pyramiden, Tempel und den Petersdom. Was wäre unsere Welt ohne die große Schöpferkraft all der Menschen, die vor uns lebten? Sie brachten das Handwerk, die Wissenschaft und Kunst voran. Sie erfanden das Weben und Töpfern, das Goldschmieden und Kochen. Sie erforschten die Tiefe der Meere und des Himmels, sie wagten sich in die Dschungel und Wüsten. Unzählige Frauen schenkten Kindern das Leben, und ungezählte Frauen starben dabei. All unsere Ahnen gaben das Leben an uns weiter und wollten, dass es ihre Kinder besser haben als sie selbst. Mutter und Vater, Oma und Opa, Ur-Oma und Ur-Opa, sie stehen alle hinter uns und schauen, was wir aus unserem Leben machen. Sie alle sind die Wurzeln, die uns nähren. Diese Wurzeln reichen tief in die Vergangenheit der Erde. Das kannst du gut erfahren, wenn du in den Wald gehst und eine Pflanze ausgräbst: vorsichtig, in Stille und Achtung. Dann erkennst du das Wunder der Wurzeln. Denke daran: Auch du hast Wurzeln, die von deinen Ahnen zu deinen Eltern führen und die nach dir weiterwachsen zu deinen Kindern. Jetzt bist du an der Reihe!

Darum trenne dich nie von deinen Träumen, zweifle nicht an dir oder daran, dass ein Mensch die Welt verändern kann!

3. Was brauchst du, um deine Mission zu entdecken?

Das Glück der Überwindung

Die Polizei in Recklinghausen meldete im Mai 2018, dass ein Neunjähriger das Auto seiner Eltern geklaut hat und damit zur Kirmes gefahren ist. Um zwei Uhr nachts wurde er von zwei Polizisten gestoppt, als er auf einem Kindersitz saß, kaum übers Lenkrad sehen konnte und auf dem Rückweg von der Kirmes war. Er war völlig unversehrt, das Auto unbeschädigt, nur ein eingeklappter Spiegel war den Polizisten aufgefallen.

Ein durchschnittlich großer Neunjähriger ist ca. 1,33 Meter groß. Er stößt sich das Schlüsselbein an der Türklinke, wenn er gegen eine Tür rennt, und hat es schwer, über das Lenkrad zu sehen. Und er muss fahren können. Erwachsene brauchen dazu mindestens zwölf Fahrstunden, meistens mehr. Sie lernen vorwärts-, rückwärts-, seitwärtsfahren, einparken, Überlandfahrten, Nachtfahrten und Verkehrsregeln.

Dieser Neunjährige hat sich was getraut! Und er hat etwas Gefährliches getan! Sicher lag er in seinem Bett und träumte vom Karussell, vom Autoskooter und der Musik, von Zuckerwatte, Würstchen und Abenteuer. Aber er ist klein, kann kaum übers Lenkrad sehen, hat keinen Führerschein und weiß, dass seine Eltern großen Ärger machen werden. Aber mit dem Auto konnte er schnell auf dem Jahrmarkt sein. Darum ist er einfach losgefahren.

Wie hat er es bloß geschafft, solch ein Wagnis in die Tat umzusetzen? Dieser kleine mutige Kerl kann uns vieles lehren: Die Erkenntnis, dass man nur durch Aufgaben wächst, die größer sind als man selbst. Denn es gibt keine Entwicklung ohne Überforderung und kein Vorankommen ohne ein klein wenig Selbstüberschätzung. Die Vernunft, der Schweiß, das schlechte Gewissen, das latente Magengrummeln – all das kann einen aufhalten. Doch hinter all der Angst wartet das Glück der Überwindung.

Genauso erging es Leonard Bernstein. Er bekam ausgerechnet am Morgen nach einer durchzechten Nacht kurzfristig das Angebot, für den erkrankten Chefdirigenten der New Yorker Philharmoniker einzuspringen. So stand er völlig verkatert und unvorbereitet, ohne vorherige Generalprobe am gleichen Nachmittag auf der Bühne.

Oft ist es unsere Trägheit, die uns davon abhält, etwas zu tun, das aufregend, gut und zu groß ist und uns herausfordert. Wir sollten es machen! Wir sollten mutig sein! Scheitern ist möglich, gewinnen auch!

Vorbilder von außergewöhnlichen Menschen

Für ein Kind sind seine Eltern und älteren Geschwister die ersten Vorbilder. Ganz selbstverständlich ahmt es die Erwachsenen in seiner Umgebung nach. Dies zeigt eine kleine Episode: Meine Tochter Nina besuchte ihren Papa in seinem Büro zusammen mit ihrem Sohn. Irgendwann fragte er: „Who is the boss here?" Nina: „It´s my dad, your grandpa." Er überlegte kurz. Dann öffnete er die Tür, rannte den Flur entlang und brachte Schwung ins Büro. Er rief ganz laut: „I´m the boss of this company. I´m the boss!" Er übt, spontan das Selbstbewusstsein, das ein Boss braucht.

Kinder brauchen Erwachsene als Vorbilder, um Ideen zu entwickeln, was möglich ist und wie sie selbst leben möchten. Ganz natürlich wechseln die Vorbilder unserer Kindheit von der Kindergärtnerin zum Lehrer, zum Star und tollen Musiker. Grundsätzlich ändert sich das nicht, solange wir offen und bereit sind, etwas Neues dazuzulernen. Denn unser Inneres Kind ist im Laufe des Lebens immer von außergewöhnlichen Menschen fasziniert. Sympathie und Merkmale, die mit dem großen Thema der Emotionalen Intelligenz zu tun haben, spielen dabei eine große Rolle. Außergewöhnliche Menschen besitzen keine in Stein gemeißelte Persönlichkeit, sondern verlassen sich auf ganz alltägliche Fähigkeiten: Sie packen an, wo es nötig ist, und weichen Konflikten nicht aus. Sie sind in der Lage, ihre Position klar, ruhig und sachlich vorzubringen, ohne jemanden persönlich anzugreifen. Dabei konzentrieren sie sich auf das Wesentliche und verlieren nicht den Fokus.

Manchmal sind sie Friedensstifter, wie mein Bekannter Vincenzo: Als er mit anderen im Jeep durch den Dschungel fuhr, versperrten plötzlich 30 Rebellen den Weg. Sie bedrohten Vincenzo und seine Leute und zerlegten das Auto in alle Einzelteile. Es herrschte reines Chaos, und es war eine sehr gefährliche Situation, die leicht ausufern konnte. Vincenzo verhielt sich ruhig. Dann sprang er auf das Autodach und schrie: „Was wollt ihr?" Es dauerte, bis überhaupt jemand reagierte. Und es war nicht der Anführer. Vincenzo fragte immer weiter, bis er Antworten erhielt. Langsam beruhigte sich die Atmosphäre etwas. Er erfuhr, dass die Rebellen Essen brauchten für ihre Familien. Vincenzo sagte: „Ich kann euch helfen, wenn ihr das wollt. Dazu brauche ich aber den Jeep." Die Rebellen bauten den Jeep wieder zusammen, und Vincenzo versprach, zum nächsten Stützpunkt zu fahren und Nahrung zu organisieren.

Das gestaltete sich schwieriger als gedacht. Vincenzo musste seine Leute überzeugen, die sich weigerten, sich der Gefahr auszusetzen: „Was werden die Rebellen tun, wenn sie kein Essen bekommen? Ganz sicher überfallen sie die nächste Stadt. Und dann sind sie wirklich sehr hungrig, sehr wütend und brandgefährlich. Denn sie wurden verraten und haben überhaupt nichts zu verlieren! Also, was tun wir?"

Sie fuhren zurück und lösten ihr Versprechen ein.

Vincenzo ist ein außergewöhnlicher Mensch. Er ist unglaublich mutig, unabhängig und handelt immer eigenmächtig. Er stellt einfache Fragen und nimmt sich die Freiheit, Entscheidungen anderer infrage zu stellen. Doch vorher denkt er nach, findet den besten Zeitpunkt und Ort, um Kritik zu üben.

Im Allgemeinen können außergewöhnliche Menschen eigene Fehler zugeben und sind mit sich selbst nie ganz zufrieden. Oft haben sie das Gefühl, es könnte besser gemacht werden. Für sie gibt es kein „genug", wenn es um persönliches Wachstum geht, und „Das war schon immer so" ist für sie kein Argument, ihr Vorhaben aufzugeben. Problemen gehen sie sofort auf den Grund. Ihre Stärken, kreativen und intelligenten Ideen und ihr Fingerspitzengefühl machen sie beliebt, als Führungspersönlichkeit und Freund. Sie besitzen Integrität, und man kann ihnen vertrauen, sie halten ihr Wort und sie können auch mit schwierigen Zeitgenossen umgehen. Sie kommunizieren ruhig mit ihnen, halten ihre eigenen Gefühle unter Kontrolle und gehen die Situation rational an. Sie können den Standpunkt der schwierigen Person nachvollziehen und eine Basis entwickeln, um zu gemeinsamen Lösungen zu kommen.

Außergewöhnliche Menschen kennen das Geheimnis der guten Ausstrahlung.

Wenn mache Menschen einen Raum betreten, ändert sich alles.

An einem Sonntagmorgen saßen wir zu sechst am runden Frühstückstisch und hatten eine engagierte Diskussion, in der es hoch herging. Niemand weiß warum, aber plötzlich wurde es ganz still. Unsere Jüngste stand in der Tür, zusammen mit Ronja, unserem kleinen Welpen. Sie sagte nichts, sah uns mit ihren großen blauen Augen nur unendlich liebevoll an. Sie war unglaublich zart und gleichzeitig so stark, wie sie einfach in ihrem Nachthemd dastand. Sie kam uns vor wie ein Engel. „Oh, Laura, da bist du ja! Komm zu uns", sagte ihr Bruder Frederik ganz zärtlich und sanft. Das war ein ganz wunderschöner Moment.

In der Geschichte wird häufig berichtet, dass bestimmte Menschen eine so starke Ausstrahlung hatten, dass sie die Aufmerksamkeit aller auf sich zogen. So war es bei Jesus Christus und Julius Caesar, bei Mutter Teresa und Nelson Mandela, Willy Brandt, Leonard Bernstein und Helmut Schmidt. Dieses Charisma verströmt auch Barak Obama. Er löste eine begeisterte Stimmung aus, die die USA in einen rauschhaften Zustand versetzte. Die Welt sah ihn als Politiker, Tänzer, Basketballspieler, Ehemann und Vater. Ein Alleskönner, der der Welt zurief: „Yes, we can!" Er füllte jede Rolle authentisch aus. Er ist ein Visionär und schafft es, seine gesamte Umgebung zu beflügeln. Von Barak Obama geht eine Magie und Inspiration aus, der man sich kaum entziehen kann.

Jede charismatische Persönlichkeit hat ihre eigene Geschichte, die sie unverwechselbar macht. Diese Menschen treten selbstbewusst auf, und von ihnen geht ein

Strahlen aus, das jeder wahrnimmt. Der Ursprung von diesem Strahlen ist immer ein positiver Kern oder eine starke Vision. Eine Geschichte von morgen, die sie mit Leichtigkeit nach außen transportieren. So entsteht Charisma.

Vielleicht ist Charisma wie ein wunderbares Schmuckstück. Etwas Besonderes, wie ein seltener Diamant. Glitzernde Diademe, Ringe, Ketten und Armbänder haben eine Symbolkraft, eine unverwechselbare Geschichte und häufig eine Ausstrahlung von Macht. So schmücken sich Herrscher, Könige, Krieger, Päpste und Prediger mit besonderen Edelsteinen. Und diese sind viel mehr als Gold und Stein, denn sie öffnen den Zugang zu Gefühlen. Schmuck fällt auf, und das verstärkt das Charisma einer Person. Denn Schmuck trägt symbolisch Ideen weiter von Beziehungen und Zusammenhalt. So wird zum Beispiel ein blasses Mädchen zur Prinzessin, wenn man ihr ein ähnliches Kleid anzieht wie Grace Kelly oder Marilyn Monroe, um deren Charisma auf sie zu übertragen.

Charisma ist ganz ursprünglich die nach außen strahlende Liebe eines Menschen. So ist eine charismatische Ausstrahlung an die Lebensfreude gebunden. Diese individuelle Power versprüht Emotionen, Visionen, Inspiration und Kraft. Darum sind Träumer und Visionäre so wichtig für eine Gesellschaft. Sie öffnen die Köpfe und bringen die Kultur weiter …

Machtmenschen strahlen dagegen ein körperliches Charisma aus. Das ist antrainiert und zeigt nicht die wahre Persönlichkeit. Bei Politikern ist diese Art von Ausstrahlung stark an ihre Ämter und Macht gebunden. Charismatrainer reduzieren Ausstrahlung auf Stil, Rhetorik oder Körpersprache. Dieses künstlich erzeugte Charisma ist eine Rolle, eine Inszenierung. Doch es geht um den ganzen Menschen, und der Körper erzählt immer seine eigene Geschichte. Dies geschieht durch Kleidung, Schmuck, Körpersprache und Artikulation, durch Atem und Herzschlag, Haltung, Stimme und Gesichtsausdruck. All diese unbewussten Signale nimmt das Gegenüber wahr, denn unser Körper ist ein „Schlautier", in dem die nicht verbale Kommunikation tief in seinen Zellen verankert ist. Wir spüren intuitiv, ob jemand nur so tut als ob, und sollten unserem Instinkt vertrauen. Aussehen, Anmut und Schönheit sind Aspekte von Charisma. Wer tiefer guckt, erkennt auch Charme und Humor, Mut und Güte, Erfahrungen, Stimmungen und Gefühle.

Möglicherweise ist derjenige charismatisch, der eine Geschichte erzählt und es schafft, eine Wunde umzudeuten, sodass aus einer Schwäche eine Stärke wird. Eine Narbe kann zu einem positiven Erinnerungszeichen werden, das sagt: „Ich war stärker als alles, was mir schaden wollte." Ein Stigma kann umgedreht werden und verwandelt sich in etwas Positives. So wie bei Jesus, dessen Stigma zum Zeichen seiner Auserwähltheit wurde.

Indem man Dinge umdeutet, miteinander verbindet und in Einklang bringt, vermittelt man anderen Menschen ein Gefühl von Kontinuität, Einheit und Geschichte.

Dieser größere Zusammenhang gibt dem Leben Sinn und Bedeutung. Genau dieses tiefe Vertrauen ins Leben macht das Charisma von Geschichtenerzählern aus.

Uralte Geschichten am Feuer

Schon vor Tausenden von Jahren hatten unsere Vorfahren Plätze, auf denen sie sich um ein Feuer versammelten und ihre Erlebnisse, Hoffnungen und Träume teilten.

Stell dir vor, wie das große Feuer in der Mitte knistert. Über der Lichtung wölbt sich der klare Sternenhimmel, und eine alte Frau erhebt sich. Der Feuerschein beleuchtet ihr Gesicht. Es ist faltig von all den Sommern und Wintern, die sie erlebt hat. Sie ist eine der Ältesten aus dem Stamm der Irokesen, die im Staat New York leben. Die Großmutter trägt ein Kleid aus weichem Wildleder, das mit Fransen und Perlen verziert ist. Sie steht gerade und selbstbewusst und erhebt ihre tiefe und geheimnisvolle Stimme.

„Ich bin Großmutter Geschichtenerzählerin. Schön, dass du zu mir gekommen bist! Ich habe hier sieben uralte Steine. Sie haben auf ihrer langen Reise alle Ereignisse wahrgenommen, die die Erde erlebt hat. Für mein Volk ist alles, was uns umgibt, mit

Bewusstsein erfüllt. Darum sagen wir, dass Steinwesen die Hüter des Wissens von Mutter Erde sind. Diese Steine verbinden dich mit dem Wissen der alten Weisen. Vier Steine sind für die vier Richtungen und ihre besonderen Kräfte. Die restlichen drei sind für Mutter Erde, Vater Himmel und den Schöpfer.

Meine Lehre will dir mitteilen, dass du deine Gefühle und Gedanken offen mit anderen teilen sollst. Befreie deine Fhantasie: Sie führt dich in die Welt der Träume und Visionen, die viele Geschenke enthalten. Lausche der Stimme der Natur. Erlerne die Kraft, Geduld und Weisheit der Steine. Sie sind das Gedächtnis der Erde.

Erzähle deinen Kindern Geschichten, die von Heilung handeln, von Hinweisen darauf, wie man außer Gefahr bleibt oder sich in bestimmten Situationen verhalten soll. Die Lektionen führen manchmal zu Tränen, oft zu Heiterkeit und Mitgefühl. Sie erweichen jedes zu Stein gewordene Herz, das sich verschlossen hat, sodass jeder wieder seine innere Stimme hören kann."

Die Zuhörer lauschen gebannt der alten Medizinfrau. Ein Zauber geht von ihr aus, der die Menschen dazu bringt, im Gleichklang zu schwingen. Alle fühlen sich miteinander verbunden, so als wären sie ein einziges Lebewesen.

Später tanzt die Gruppe ums Feuer, sie singen, reden und essen zusammen, teilen ihre Erlebnisse und beschließen, gemeinsam zu handeln. Vielleicht ein Fest vorzubereiten, Nachbarn zu besuchen, ein Haus zu bauen, auf die Jagd zu gehen, Gefangene zu befreien oder sich für gesunde Lebensgrundlagen einzusetzen.

Geschichten holten die Menschen von nah und weit ans Feuer. Die anregende gemeinsame Zeit wärmte die Herzen und füllte die Köpfe. Es wurden Geschichten erzählt von früher und heute, von lebenden und von verstorbenen Menschen. Sie erzählten von der gemeinsamen Menschlichkeit: vom Scheitern und Gelingen, von Moral und Verrat, von Liebe, Freundschaft und Krieg, von Verletzlichkeit und Mut. Diese uralten Geschichten handelten von allem, was das Leben ausmacht, von allem, was uns miteinander und mit der Natur verbindet. Die Erzählungen brachten die Zuhörer zum Lachen und Weinen, zum Staunen und Gruseln, zum

Träumen und Wachwerden. Natürlich konnten die Großmütter und Großväter die besten Geschichten erzählen, denn sie hatten schon viel erlebt. Die Alten hatten immer die Aufgabe, das Erfahrungswissen zu beschützen und zu bewahren und weiterzugeben. Sie erinnerten die Jungen daran, dass wir weder nutzlos noch hilflos sind. Ihre Geschichten halfen den Menschen, sich Dinge in ihrer Fantasie vorzustellen und sich in andere hineinzuversetzen. Durch wunderbare Geschichten teilen Menschen ihre Träume. Die Zuhörer malen sich die Ereignisse aus und fühlen genau das, was die alte Medizinfrau erzählt. Sie entfacht Begeisterung, weckt Mitgefühl und beschwört gemeinsame Ziele.

Darum waren Geschichten am Feuer nie nur Zeitvertreib. Sie faszinieren uns bis heute. Denn jede Erzählung birgt ein Geschenk: Vielleicht ist es eine Erkenntnis oder Lektion, eine überraschende neue Perspektive, Hintergründe, Inspiration, Humor und Abstand oder Hoffnung.

Eine besonders schöne Beschreibung dafür stammt von A. Stanton: „Wir alle lieben Geschichten. Wir sind für sie geboren. Geschichten bestätigen uns, wer wir sind. Wir alle wollen darin bestätigt werden, dass unser Leben einen Sinn hat. Und nichts verschafft uns größere Bestätigung als eine durch Geschichten hergestellte Verbindung. Sie können die Barrieren der Zeit, der Vergangenheit, der Gegenwart und der Zukunft überwinden und ermöglichen es uns, Gemeinsamkeiten untereinander und durch andere zu erleben, echte wie erfundene."

Unsere heutigen Lagerfeuer sind größer als die unserer Vorfahren. Wir können weltweit Millionen von Menschen erreichen, um das innere Feuer zu entfachen. Bücher, Handys und das Internet sprühen ihre Funken fast ohne Zeitverzögerung rund um den Erdball. Mit der uralten Kunst des Erzählens lassen sich Menschen überall auf der Erde erreichen.

Märchen für deine Seele

Märchen entstammen der uralten Erzähltradition am Feuer und wurden über viele Generationen mündlich überliefert, bevor sie in Büchern festgehalten wurden. Märchen und Sagen, Mythen und Medizingeschichten erzählen vom Leben und davon, wie es ist, zu scheitern, zu siegen und dem Leben doch zu vertrauen. Märchen erzählen vom Leben in tausend Varianten. Sie malen bunte Bilder in unsere Köpfe. Häufig tragen sie überraschende Einsichten und Magie in unseren Alltag, genauso wie unsere nächtlichen Träume, intuitiven Eingebungen, uralten Instinkte und klaren Visionen. Sie alle überbringen die Botschaft, dass es irgendwo zwischen der sichtbaren und der unsichtbaren Welt eine Macht gibt, die unsere Geschicke lenkt. In Geschichten und Märchen befindet sich alles in einer selbstverständlichen Ordnung. Sie entsteht mithilfe der Fantasie und überschreitet spielend die Grenzen unseres Alltags.

Im Märchen gibt es wunderschöne Königinnen, starke Märchenprinzen, mutige Krieger, hinterhältige Räuber und böse Hexen, verwunschene Zauberwälder und verlorene Goldschätze. Auch fremde Wesen aus anderen Ebenen leben hier: Feen, Elfen und Zwerge, Drachen und fliegende Pferde, Engel, Nixen und Trolle, Riesen, Zauberer und Einhörner. Menschen besitzen besondere Fähigkeiten: Sie können die Sprache der Tiere verstehen oder Stroh zu Gold verspinnen.

Wenn wir Märchen lauschen und uns entspannen, ist das kleine Kind in uns plötzlich wieder da. Fast wie von selbst werden wir in diese Geschichten hineingezogen und erleben die Suche und Abenteuer der Helden. Wir begleiten die Hauptfigur auf ihrem Weg, wenn sie sich vertrauensvoll mit Menschen und Tieren verbindet. Wir sind bei ihr, wenn sie die Liebe kennenlernt und die Schönheit entdeckt. Und wir leiden mit ihr, wenn sie verraten wird, sich schwach fühlt und trotzdem kämpfen muss. Häufig hat sie große Prüfungen zu bestehen und Leid zu ertragen. Am Ende vertrauen wir darauf, dass unser Held oder unsere Heldin ungeahnte Kräfte entwickelt oder unerwartete Hilfe erhält. Wir hoffen mit ihr, dass sie ihren Auftrag erfüllt, auch wenn ihr Schicksal nicht geradlinig verläuft. Im Märchen meistern Helden ihre Herausforderungen nach anfänglichem Scheitern mit Würde und Tapferkeit. Sie wachsen über sich hinaus, und ein neuer Lebensabschnitt beginnt. Unsere Welt ist wieder in Ordnung, denn alles ist hier einfach und überschaubar. So wird am Ende alles gut.

Diese Seelengeschichten berühren uns, auch wenn unsere eigenen Kindertage schon länger zurückliegen. Sie ziehen uns in ihren Bann, und wir spüren schnell, dass uns die Magie dieser uralten und vergessenen Erzählungen guttut. Plötzlich sind wir ganz wach und präsent mit unserem Atem, unseren Gedanken und Gefühlen. Wie Kinder hören wir zu und müssen nicht alles verstehen. Denn im Märchen entzieht sich vieles dem Verstand, die Botschaft schwingt zwischen den Worten und verbreitet uralte, heilsame Seelenklänge. Diese verschlüsselten Botschaften sind wie zarte Wasserzeichen, die zum Unbewussten sprechen. Auf einer tiefen Ebene verstehen wir diese Symbole. So bewirken unsere ältesten Geschichten diesen wunderbaren Zauber, der uns tröstet und heilt. Egal wie alt wir sind: Märchen lassen uns zufrieden und gestärkt zurück. Sie waren ursprünglich nicht nur für Kinder gedacht, sondern wurden in alten Stammeskulturen regelrecht als Grundnahrungsmittel für das Kind in jedem von uns gesehen. Mit hilfreichen Hinweisen unterstützen Märchen das Kind in uns und bringen Erwachsene dazu, aus dem Alltag herauszufallen.

So sind Märchen eine kostbare Schatztruhe voller Geheimnisse. Ganz spielerisch verbinden sie uns mit unserem inneren Wesen und erinnern uns an unser tiefstes Wissen. Wie in Kindertagen sind unsere emotionale, seelische und materielle Realität wieder miteinander verbunden.

Wer sich näher mit Märchen beschäftigt, weiß, dass es ganz unterschiedliche Fassungen eines Märchens gibt. Denn ursprünglich wurden sie nur mündlich überliefert. So blieb es nicht aus, dass sie sich veränderten. Sie wurden auf die Zeit, die pädagogische und moralische Absicht des Erzählers und auf das Alter der Zuhörer abgestimmt. Die Brüder Grimm besaßen von einem Märchen häufig drei unterschiedliche Fassungen. So besitzen unsere Märchen zahlreiche folkloristische, mystische und historische Wurzeln. Zugleich sind sie auch unser archaisches Gedächtnis, denn sie bewahren die alten Mythen vor dem Vergessen.

Du kennst vielleicht das Märchen vom Froschkönig. Die Prinzessin spielt mit dem goldenen Ball, der ein Symbol für die Sonne ist. Der Ball fällt in den Brunnen, in die Unterwelt. Nun steigt ein Frosch aus der Tiefe empor und verliebt sich in die Prinzessin. Sie empfindet jedoch Angst und Ekel vor seiner Fremdheit. Denn sie weiß nicht, dass der Frosch ein mystisches Wesen ist, das seine Gestalt verändern kann. Schließlich zeigt er sich als wunderschöner Prinz ...

Märchen sind uralt und zeitlos zugleich. Sie lehren uns, nicht nur in geraden Linien zu denken. Wir können auch um Ecken schauen und Vertrauen ins Leben haben. Märchen erzählen die Wahrheit, aber natürlich nicht die Wirklichkeit. Dank mündlicher Überlieferung konnten Sagen und Legenden das dunkle Mittelalter überstehen, ohne verloren zu gehen. Das Christentum versuchte 2000 Jahre lang, alles zu verdrängen, was als heidnisch galt. Doch Märchen werden immer noch erzählt und weitergetragen. Heutzutage werden sie verfilmt und sind dadurch so lebendig wie eh und je. Das kann doch nur bedeuten, dass sie für unsere Seele genauso wichtig sind wie Wasser und Luft für unseren Körper.

Sagen, Legenden und Märchen erzählen von einer mystischen Welt, in der andere Regeln gelten als in der materiellen Realität. Sie ziehen uns in ihren Bann und sind womöglich sogar wirklicher als der normale Alltag, denn sie handeln von unserem Seelenweg. Die Seele gibt ihr Wissen jedoch nur dann preis, wenn wir es ins Bewusstsein heben. Dabei nutzt sie die Symbolsprache, die wir aus Träumen kennen. Auch Märchen enthalten tiefe Symbole und sind deshalb ein wunderbarer und kostbarer Schatz.

Der tiefere Sinn der Symbolsprache mag darin liegen, dass es notwendig ist, sie in unsere Alltagssprache zu übersetzen. Das braucht Zeit und Geduld. Dadurch können uns ihre Botschaften nicht so leicht überraschen oder schockieren, denn Symbole führen uns sanft an Inhalte und Erkenntnisse heran. Symbole entstanden in langen Zeiträumen, sie wurden durch ungezählte Generationen und deren Erfahrungen gefärbt. So entstand ein kollektives Bild aus unendlich vielen Schicksalen und Themen. Dieses uralte innere Bild ist uns meistens nicht bewusst. Doch jeder Mensch findet einen Zugang zu Symbolen, da sie so viele Ebenen beinhalten.

Jeder Künstler wird seine ganz persönliche Art finden, ein Symbol auszudrücken oder zu gestalten. Eine Spirale kann zum Beispiel durch Farben, unterschiedliches Material oder durch Worte, Klänge oder Tanz ausgedrückt werden. Ein Architekt wird einen anderen Zugang zur Spirale entdecken als ein Glasbläser. Eine Weberin, Pianistin, Fotografin oder Gärtnerin drückt eine Spirale auf ihre jeweils eigene Weise aus. Ein Biologe, der sich mit Schlangen beschäftigt, ist auf ganz andere Weise von Spiralen fasziniert als ein Archäologe, der uralte Spiralmotive auf Tontafeln entdeckt. Diese Beispiele zeigen, wie wichtig die individuelle Bedeutung eines Symbols ist. Unsere Seele kennt unseren persönlichen Weg. Sie öffnet das Tor zum inneren Wissen über Symbole, Träume, Märchen und Mythen.

Viele Erwachsene empfinden Märchen für Kinder als zu grausam. Dies stimmt, wenn wir lediglich die äußeren Fakten sehen und die Handlung wörtlich nehmen. Denn wenn der Wolf Rotkäppchen verschlingt, ist das wirklich unglaublich brutal: Rotkäppchen ist nun lebendig gefangen im Bauch des Wolfes.

Eine dunkle Höhle ist ein Ort der Geborgenheit und zugleich auch des größten Schreckens. Darum rührt die Rettung eines Kindes aus der Finsternis an unsere tiefsten Instinkte. Symbolisch ist sie ein Geburtsvorgang, das Ur-Drama des Lebens schlechthin. Wie tief ein Höhlendrama die Menschen bewegt, konnten wir 2018 erleben, als die Fußballgruppe der „Wildschweine" in Thailand für lange Tage in einem verwinkelten Höhlensystem gefangen war. Das Wasser stieg an, überflutete die Zugänge, und Experten aus aller Welt eilten herbei, um die Jugendlichen zu befreien. Die Retter und die Kinder wurden jubelnd empfangen. Sie haben Unmögliches geschafft und Wunder geschehen lassen.

In einer sehr alten Fassung des Märchens von Rotkäppchen heißt das Mädchen Goldkäppchen. Das gibt wichtige Hinweise, denn nun steht Goldkäppchen für Klarheit, Reinheit oder die Sonne selbst. Dieses strahlende Licht ist die Gegenspielerin zur Dunkelheit in der Höhle. In der Finsternis sind wir blind und können keinen Weg erkennen. Wer das erlebt, hat Angst und muss sich auf seine anderen Sinne verlassen oder er muss darauf vertrauen, dass doch noch Hilfe kommt und die Dunkelheit irgendwann verschwindet. Und so geschieht es. Rotkäppchen wird vom Jäger befreit.

Eine Botschaft dieses Märchens lautet: Auch nach der dunkelsten Nacht beginnt ein neuer Tag. Gib nicht die Hoffnung auf! Irgendwann wird die Dunkelheit verschwinden und für dich die Sonne wieder aufgehen.

Unsere ältesten Geschichten bewirken diesen wunderbaren Zauber, der uns tröstet und heilt. Egal wie alt wir sind: Märchen lassen uns zufrieden und gestärkt zurück. Ursprünglich waren sie ja auch nicht nur für Kinder gedacht. Sie waren und sind noch heute Grundnahrungsmittel für das Kind in jedem von uns. Mit hilfreichen Hinweisen unterstützen Märchen das Innere Kind und bringen Erwachsene dazu, aus dem Alltag herauszufallen.

Märchen liefern Lösungsstrategien, machen Mut, sich wieder aufzumachen und nicht aufzugeben. Ohne erhobenen Zeigefinger bringen sie Erleichterung und die Erkenntnis, dass sich auch andere Menschen ähnlichen Herausforderungen stellen müssen und Lösungen finden. Diese Botschaft der Lebenserfahrung und Hoffnung wird Kindern oft in der besten Absicht vorenthalten.

Der Ernst des Lebens ist für Kinder am leichtesten spielerisch zu erleben.

Genauso lernen kleine Katzen, Welpen und die meisten Tierbabys. Aber Eltern und Lehrer sind oft selbst zu verunsichert, um mitzuspielen. Sie sind nicht bereit, sich wirklich auf Kinder einzulassen. Doch Kinder sind das neue Leben und wollen wissen, wie die Dinge zusammenhängen. Kinder sind wild, direkt, spontan, kalt, warm, grausam, kreativ und experimentierfreudig. Außerdem besitzen sie einen unbändigen Wissensdurst und sind an allem interessiert. Ihnen ist nichts peinlich. Kinder sind anstrengend, denn sie haben einen unverstellten Blickwinkel.

Erwachsene schauen von oben nach unten und besitzen die Kontrolle. Kinder gucken von unten nach oben. Von dort aus sieht man eine Menge ganz anders. Sie bringen das Spiel mit ins Leben. Und sie wissen noch, dass sie auf der Suche nach der Seele sind. Darum fällt es ihnen leicht, unsere Rollen, gesellschaftlichen Hierarchien und unseren Ernst zu enttarnen. Genau dies geschieht im Märchen „Des Kaisers neue Kleider". Da spricht ein Kind aus, was alle sehen, doch niemand wagt auszusprechen: Der Kaiser ist nackt! Das mühsam errichtete Kartenhaus

aus Lügen fällt in sich zusammen, und die Wahrheit zeigt sich. Darum sind Kinder selig, wenn sie Märchen hören. Sie gehen ganz mit, denn sie fühlen sich in diesem Element zu Hause.

Glücklicherweise kennen Kinder noch nicht die Pein, die Kraft nimmt. Doch gerade darum brauchen sie innere Bilder, um irgendwann auch mit der Angst umgehen zu können. Im Märchen geht es immer darum, dass der Protagonist wachgerüttelt wird, sich verändert und sein vertrautes Verhalten und Umfeld verlässt. Der Held oder die Heldin müssen ihre Wahrnehmung schärfen und Hindernisse überwinden. Oft ziehen sie sich schon vor der ersten Herausforderung aus Angst zurück. Da wichtige Lernschritte verweigert werden, scheitern unsere Märchenhelden grandios. Sie fallen ganz tief und befinden sich anschließend in aussichtslosen Situationen.

Erst wenn sie ihr Versagen annehmen, ist die Lösung nahe. Denn durch das heftige Scheitern fallen sie zurück ins Leben. Schließlich finden sie ihre eigene Kreativität und Kraft und wagen einen Neuanfang. So meistern sie ihr Schicksal. Meistens schaffen sie dies nicht allein, sondern dadurch, dass unerwartete Hilfe erscheint. Tiere, Menschen oder andere Wesen greifen mit ihren besonderen Gaben rettend ein. Die Botschaft der Märchen lautet häufig: Alles im Leben ist wandelbar, alles ist mit Mut und Kreativität umzudrehen. Häufig erscheint etwas unmöglich. Aber nur so lange, bis es jemand einfach tut. Wie im Leben sind es Intuition, Fantasie und Zufälle, die dem gewundenen Schicksalsweg eine ausschlaggebende positive Wendung geben.

Märchen lehren und verfeinern die Kunst des Sehens und des Lesens von Zeichen. Darum eignen sie sich ausgezeichnet für die Selbsterforschung. In Märchen geht es um die Erkundung der eigenen inneren Welt. Im Märchen tauchen wir immer tiefer ein in eine Welt voller Hinweise. Wir stoßen darauf, wer wir wirklich sind und wohin unser Weg uns führen mag. **Wir lesen Kindern Märchen vor, damit sie einschlafen in dem Bewusstsein, dass alles gut wird. Erwachsene erzählen sich schon immer gegenseitig Mythen und Geschichten, damit sie aus Erfahrungen anderer lernen, sich Helden und Vorbilder**

suchen und geistig aufwachen, um sich auf den Weg der Selbsterkenntnis zu begeben.

Die Erfahrung der eigenen Welt verändert sich häufig, wenn wir innere Durchbrüche erleben. So ändert sich die Sicht auf unsere Eltern, wenn wir selbst Vater oder Mutter werden. In der neuen Rolle und Lebensphase nehmen wir uns neu wahr.

Eine Botschaft der Märchen ist, dass das Leben häufig viel einfacher ist, als wir denken. Auch wenn wir nicht weiterwissen und den Weg, der vor uns liegt, nicht erkennen können, sind wir nicht verloren.

Zahlreiche Mythen und Märchen verweisen auf eine unsichtbare Kraft, die uns unterstützt und Hilfe schickt. Diese Zeichen lesen und verstehen zu können war für Naturvölker immer wichtig und sicherte das Überleben. Unsere innere Führung und Intuition stehen uns auch heute zur Verfügung. Sie lenken uns oft dann, wenn wir alles Menschenmögliche getan haben und aufgeben. Wir lassen los, schwimmen nicht mehr gegen den Strom und geben uns dem Leben hin. Dann kommt plötzlich etwas in unser Leben, das ihm eine neue Richtung gibt. So lichtet sich der Nebel, und der Weg wird wieder sichtbar.

Der Begriff Resilienz ist zurzeit in aller Munde. Er bedeutet aus psychologischer Sicht die Fähigkeit, mithilfe von Fantasie, Imagination und Intuition Zugang zu inneren Kraftquellen zu finden, um das seelische Gleichgewicht wiederherzustellen. In schwierigen Lebenssituationen kann die Seele durch Bilder, Geschichten und Symbole gestärkt werden. Märchen leisten einen großen Beitrag zur Überlebenskunst. Kinder brauchen Märchen, denn sie sind Balsam für die Seele. Kinder und das Kind in uns, beide brauchen Märchen. Denn so wie jede Umarmung nicht nur dem Körper guttut, wirken Märchen ganzheitlich. Sie bauen Stress ab, stärken das Immunsystem, verbessern die Stimmung und den Schlaf. Denn sie geben ein Gefühl von Geborgenheit, Liebe und Glück.

Exkurs: So funktioniert unser Gehirn

„Wirklich sehen können wir nur mit dem ganzen Körper und mit unserer Seele", sagte einst der Augenarzt und Psychoanalytiker Dr. Wolfgang Schulz-Zehden. Mit diesem Satz beschreibt er, dass sehen vor allem wahrnehmen ist. Was wir sehen, ist nicht die Wahrheit, die Realität. Denn jeder bringt sich selbst ein mit seinen Gedanken, Erfahrungen, mit seiner Fantasie, seinem Charakter und Intellekt. Würde ein anderer das gleiche Bild sehen, würde es dennoch nicht dasselbe sein. Denn alles, was wir an Farben, Formen, Bewegungen, Ahnungen, Gedanken und Assoziationen darin sehen, geben wir selbst hinein. Die Bilder unserer Seele lassen uns unsere eigene Geschichte sehen.

Unsere bisherigen Erfahrungen hinterlassen in unserem Gehirn Gedächtnisspuren: Verschaltungen unserer Nervensynapsen. Darum verfallen wir sehr schnell in alte Muster und Verhaltensweisen. Unser Gehirn kann kaum unterscheiden, ob wir etwas in einem Computerspiel erleben oder in der Wirklichkeit.

Unser Gehirn hört nie auf, zu wachsen. Neurologen haben herausgefunden, dass die neuronale Plastizität ein Leben lang wächst und sich während des gesamten Lebens verändert. Die Wiederholung einer Aufgabe, bestimmter Gedanken und Handlungen schaffen neue und stärkere Bahnen zwischen den Nervenzellen. Wenn sich ein Mensch intensiv mit Musik oder Sport beschäftigt, wachsen die an diesen Fähigkeiten beteiligten Bereiche des Gehirns. Wir werden also besser bei dem, was wir tun, je häufiger wir es wiederholen. Aber das wusste auch schon unsere Oma: „Übung macht den Meister." Genau das trifft auf Experten zu. Denn die Gehirnstruktur verändert sich mit dem Üben und wird stärker auf dem Gebiet des Interesses.

Forscher haben herausgefunden, dass positive Gefühle wie Begeisterung, Leidenschaft, Aufgeregtheit und Optimismus ansteckend sind und die allgemeine Stimmung heben. Gehirnscans zeigen, dass Geschichten stimulieren und das menschliche Gehirn fesseln. Um zu überprüfen, wie komplizierte Informationen verarbeitet werden, wurden neurologische Studien durchgeführt, und es zeigte sich, dass Geschichten das gesamte Gehirn stimulieren. Sie aktivieren den sensorischen und motorischen Bereich sowie die für das Sprechen und Sehen zuständigen Bereiche. Geschichten schenken dem Gehirn neue Ideen, Gedanken und Gefühle. Und unsere Ideen machen uns zu dem, was wir sind! Mit ihnen können wir das Ungewöhnliche im Gewöhnlichen entdecken. Sie zeigen uns die Welt nicht so, wie sie ist, sondern wie sie sein könnte.

II. ENTDECKE DEINE BERUFUNG

1. Dein persönlicher Seelenweg

Nutze die Fantasie deines Inneren Kindes

Jetzt willst du eine Antwort finden auf die Frage nach dem Sinn deines Lebens. Darum machen wir uns gemeinsam auf die Suche. Wenn du dir ein schnelles Geheimrezept für dein perfektes Leben wünschst: Ich habe es leider nicht. Niemand braucht solch ein Rezept, denn wir tragen alle Kraft und Weisheit in uns. Wir müssen nur wieder Kontakt zur Quelle in uns aufnehmen. Dann entdecken wir selbst, was wir in unserem Leben ändern wollen und was nicht. Ich zeige dir Möglichkeiten auf und weise eine Richtung, sodass du deine innere Stimme wieder wahrnimmst und zu deiner ursprünglichen Natürlichkeit zurückfindest.

Die Seele spricht die ganze Zeit mit uns, aber kaum jemand hört ihr zu. Wir grenzen uns von ihr ab und schließen sie mit unserem logischen Denken aus. Doch unser Inneres Kind ist nicht Teil des Verstandes. Es spricht die Wahrheit aus, die in deinem Herzen ruht.

Das Leben ist wunderbar-märchenhaft

Erzähle dein Märchen und erinnere deinen Seelenweg

Möglicherweise denkst du, du kannst kein Märchen schreiben, es wird nichts Neues enthalten, was sich lohnt aufzuschreiben. Natürlich kannst du ein Märchen schreiben. Wir alle können das. Jeder von uns kann einzigartige Geschichten erzählen. Du kennst deine Entdeckungsreise, die du als Kind angetreten hast. Sie ist interessant und wertvoll! Schenke dem Märchen deines Lebens Aufmerksamkeit. Es kann dir vielleicht etwas Neues, auf jeden Fall etwas Wertvolles beibringen. Es gehört eine gewisse Form von Mut dazu, ein kleines, einfaches Märchen zu schreiben, ohne bedeutend, seriös, poetisch, komisch, geistreich oder moralisch zu sein.

Diese Übung mag dir sehr einfach, vielleicht sogar kindisch erscheinen.

Das macht nichts. Es ist eine junge Art, die lebensfähig und frisch ist. Das Denken sucht sich einfach neue Wege. Die Schönheit des total Einfachen ist faszinierend. Das Natürliche und Echte kostet nichts, gleichzeitig ist es das Kraftvollste.

Wie alles, was uns an unsere Kindheit erinnert, berühren uns Märchen tief in unserem Inneren. Als Erwachsene sind wir es einfach nicht gewohnt, zu spielen und etwas zu tun, ohne eine Absicht, einen Nutzen oder ein Ziel zu verfolgen. Wir haben verlernt, die Fantasie frei laufen zu lassen, ohne zu wissen, wohin sie uns führt.

Doch auch in einem seriösen Umfeld ist ein kleiner Schlenker ins Spielerische erlaubt. Denn es macht einfach Spaß, ein kurzes Märchen zu schreiben! So kommen wieder Fantasie, Lachen, Komik, Witz, Absurdes und Magie in unser Leben. Und plötzlich geschehen wunderbare Dinge, die nicht erwartet werden.

Denn sobald wir die Worte hören „Es war einmal …", reisen wir auf magischen Pfaden in eine Traumwelt, die wir lieben. Es sind heilsame Zauberworte, die uns in andere Wirklichkeiten führen. Hier können Tiere sprechen, es gibt Drachen, Feen und Zwerge, auch Königreiche und wunderschöne Menschen, die mit Schwierigkeiten und Herausforderungen kämpfen, weil ihnen machtvolle Gegner gegenübertreten.

Die Magie der kleinen Dinge

Häufig haben kleine Dinge eine große Wirkung. Sie verleihen Menschen und Gärten einen Zauber. Kleines kann so großartig sein wie die vergoldeten Spitzen eines uralten verrosteten Zaunes. Stimmungsvolles Licht haucht einem Raum Persönlichkeit ein. Auch eine zarte Pflanze oder eindrucksvolle Kunst verändern die Atmosphäre völlig.

Damit du das Kleine, Kostbare und Wahre findest, begibst du dich nun auf die Suche nach dem Samen, der in dir ruht und vor sich hinträumt. Allzu oft bleiben kleine Dinge im Verborgenen, aber gerade sie machen den Unterschied.

Da ist zum Beispiel deine Geschichte: Ihr Wert entsteht dadurch, wie viel Liebe, Herzblut und innere Präsenz du dafür aufbringst.

Darum genieße jetzt diese kostbare Zeit und erinnere dich daran, dass du ein reines Gefäß bist für den schöpferischen Funken.

Es gibt eine Pendelbewegung unterschiedlicher Zeiten. Die meiste Zeit wollen wir auf die Welt einwirken. Doch jetzt geht diese Phase sanft über in eine andere. Nun wirkt die Welt auf dich ein. Dieses Nichthandeln schärft die Wahrnehmung aller Dinge, die dich umgeben. Du bist offen für das, was sich zeigt. Auch die winzigste Kleinigkeit kannst du wahrnehmen, indem du ihr höchste Aufmerksamkeit schenkst. Du beobachtest das Schweben eines Blattes, bemerkst das Aufsteigen des Blütendufts, freust dich über einen kleinen Marienkäfer oder lauscht dem Gesang eines Vogels …

So fühlt sich die spielerische Leichtigkeit an, wenn du im Einklang mit dem Lauf der Dinge bist. Dann meldet sich die Lust am eigenen Ausprobieren und Gestalten. Deine Kreativität drückt sich jetzt durch ein kleines Märchen aus und schafft es, dass dein Leben unkompliziert und einfach wird. Erinnere dich daran, dass nur der, der innehält, handlungsfähig bleibt. Die Stille wäscht alles Geschwätz und Unklare von dir ab.

Stell dir einfach eine klare weiße Leinwand vor und warte, bis sich alle Schatten verflüchtigt haben.

Wenn du die Worte hörst „Es war einmal …", kommt aus dieser Ebene eine Autorität und Weisheit, von der du nicht einmal ahnst, dass du sie besitzt. Aber tief in dir weißt du, dass es um deine ganz persönliche Angelegenheit geht. Sei sicher: Der Fluss der Worte wird dich ganz mühelos zu deinem Märchen tragen, denn in lockeren und leichten Gedanken steckt häufig die Lösung. Vertraue deiner inneren Weisheit!

Schalte alle Ablenkungen aus.

Smartphone, PC & Co. bleiben nun eine Weile aus. Erkläre deiner Familie, dass du eine halbe Stunde ungestört sein möchtest, und nimm dir diese Zeit für dich.

Lege Papier und Stift bereit.

Wende nun deine Aufmerksamkeit nach innen …

> **Schließe deine Augen.**
>
> Tiefer und tiefer geht dein Atem, bis ganz tief in deinen Bauch, sodass du deine innere Mitte spürst und ganz mit ihr verbunden bist. Aus dieser inneren Tiefe holst du dein Märchen hervor. Träume dir dein Märchen zusammen und lass die Worte wie von selbst aus dem Stift fließen. Mach dich einfach ans Schreiben und schau, was daraus wird.

In deinem Inneren ist etwas in der Schwebe, das sich dir mitteilen möchte. Darum wirst auch nicht du das Märchen finden, sondern dein Märchen wird dich finden. Dies geschieht, sobald du dich an dem stillen Ort in dir aufhältst.

Lies die Arbeitsanweisung auf der nächsten Seite.

Lass es einfach geschehen und beginne mit dem altbekannten Satz:

Es war einmal …

Arbeitsanweisung:

Dein Märchen beginnt mit den Zauberworten:

Es war einmal …

In diesem Märchen gibt es drei Figuren:

- **einen Prinzen oder eine Prinzessin,**
- **einen Drachen,**
- **eine Kriegerin oder einen Krieger.**

Du darfst auch gerne zusätzlich von anderen Figuren und Tieren erzählen.

Das Märchen ist kurz, höchstens zwei Seiten lang.

Gönne dir einfach etwas Spaß, sei entspannt und spiele. Hier gibt es kein richtig oder falsch und ganz bestimmt keine Noten!

Schreibe das Märchen, bevor du umblätterst und weiterliest!

Nachdem du das Märchen geschrieben hast:

- **Finde ganz spontan eine Überschrift für dein Märchen.**

Konntest du dich darauf einlassen, ein kleines Märchen zu schreiben?

War es leicht? Bist du überrascht, wie sich die Worte fast von selbst formten? Und hattest du vielleicht sogar das Gefühl, dass eine unsichtbare Hand den Stift führt? Dann warst du ganz in deinem „Flow", in deiner eigenen Energie und konntest den Kopf außen vor lassen. Wunderbar! Dein Inneres Kind hat dir gesagt, woran es sich erinnert.

Bist du überrascht, wie schön dein Märchen ist? Fasziniert es dich? Genieße dein Märchen …

… und wenn du Zeit hast, dann mach weiter. Denn jetzt gibt es einen kleinen Dreh …

Ein leichter Dreh, der alles verändert: Dein Traum zeigt sich in deiner originellen Geschichte

Nun schreibst du dein Märchen ein zweites Mal, und diese zweite Fassung deines Märchens gestattet dir einen Blick durch die Zauberbrille: Sie lässt dich deine Mission hinter dem Märchen entdecken. Denn nun erzählst du deine eigene Geschichte.

Arbeitsanweisung:

Schreibe dein Märchen ein zweites Mal!

Schlüpfe jetzt in die Rolle der Hauptperson

Frage dich: Wer steht im Mittelpunkt meines Märchens? Handelt es sich um die Prinzessin oder den Krieger, den Prinzen, Drachen oder eine andere Person?

Ändere dann die Zeit. Schreibe im Präsens und lass alles in der Gegenwart geschehen.

Wenn du beispielsweise als Prinzessin die Hauptrolle spielst und dein ursprünglicher Text lautet:

„Die Prinzessin wurde geraubt, während der König und die Königin ein Fest feierten …"

Wird nun daraus:

„Der König und die Königin feiern ein Fest, während ich geraubt werde …"

Oder ein Drache ist die Hauptperson und dein ursprünglicher Text lautet:

„Ein gefährlicher Drache lebte in seiner Höhle und bekam Besuch von seiner zahnlosen Großmutter, die nur noch ganz kleine Feuerfunken sprühen konnte."

Wird nun daraus:

„Ich lebe in meiner Höhle und bekomme Besuch von meiner zahnlosen Großmutter, die nur noch kleine Feuerfunken sprühen kann."

Wie geht es dir, wenn du dir selber zuhörst?

Durch die zweite Fassung verändern sich die Atmosphäre und Bedeutung deines Märchens grundlegend. Wenn du deine Geschichte umgeschrieben hast, bist du möglicherweise betroffen. Denn jetzt offenbart sie dir deinen inneren Weg. Er liegt nun klar sichtbar vor dir, ohne dass Nebel ihn verschleiern.

Fiel es dir leicht, den Dreh zu vollziehen? Kannst du durch den uralten Rhythmus deiner Sprache Fixpunkte entdecken, die dir Halt geben und Hoffnung in sich tragen?

In dieser zweiten Fassung stellt sich die Hauptperson in den Vordergrund. Die Liebe zu dir selbst ist dabei entscheidend. Durch diesen neuen Fokus kannst du deinen Weg, deine Fähigkeiten und Gaben erkennen, und genau das ist deine Absicht, denn du bist auf der Suche nach deinem inneren Reichtum.

Als Träumer/-in oder Geschichtenerzähler/-in kehrst du gestärkt und bereichert zurück. Denn du hast etwas Besonderes erzählt: Es ist deine Geschichte, und sie ist erzählenswert! Deine Seelengeschichte handelt von deiner persönlichen Motivation und deinen Wegen. Du kannst deine Werte und das Kernthema deines Lebens erkennen. Und ganz sicher erzählst du von deinen irdischen und imaginären Sehnsuchtsorten. Denn diese Geschichte offenbart deine Seelenreise und die Hindernisse auf dem Weg zu deinem Lebenstraum. Du kannst erkennen, was du bisher gelernt hast, und nach Neuem Ausschau halten.

Du hast erfahren, dass durch die größten Herausforderungen und in den dunkelsten Stunden am meisten Weisheit wächst. Der Weg der Erfahrung ist auch ein Weg der Heilung. Er ist kostbar und wurde meistens teuer bezahlt. Denn ohne zu akzeptieren, dass es auch schmerzhafte und traurige Seiten des Lebens gibt, können wir nicht wirklich weise werden. Deine zweite Geschichte erzählt von der Weisheit, die aus deiner eigenen Erfahrung stammt. Und sie erzählt von dir.

Du hast dir jetzt eine Pause verdient.

Lass dich von anderen Märchen inspirieren, die ganz unterschiedlich und so bunt sind wie die alten Fenstergläser einer Villa. Alte Gemäuer bergen viele Geschichten und kennen so manches Geheimnis.

2. Lass dich von verschiedenen Seelenwegen inspirieren

Das kleine Märchenbuch

Dieses Kapitel ist ein besonderes Geschenk, und es stammt zumeist von Frauen. Seit jeher kennen sie die Kunst des Webens und stellen nicht nur Stoffe her, sondern auch das wunderbare Gewebe des Lebens. Sie teilen Geschichten, Weisheit, Schönheit, Power und ihre Magie. Heldinnen und Helden sind vielschichtig und verleihen ihrer Kraft ganz unterschiedlich Ausdruck. Sie sind mutig und meditativ, mütterlich, väterlich, mädchenhaft, knabenhaft, üppig und durchsichtig, kriegerisch und sanftmütig, uralt und ganz jung, ernst und heiter. Hier sind ganz unterschiedliche Fäden miteinander verwoben: geträumte Wirklichkeiten, als Realität erlebte Märchen, praktische und fantasievolle Lebensgeschichten. Und herausgekommen ist ein bunter Teppich von faszinierender Farbenpracht, den ein einmaliges Muster prägt.

Die jüngste Märchenerzählerin ist 14 Jahre alt, die älteste 83. In den folgenden persönlichen Geschichten sind ungefähr 600 Jahre Erdenerfahrung und Seelenweisheit versammelt.

- **In der Obhut des großen Drachen**
- **Drachenspiele**
- **Der Preis ist heiß**
- **Der Schmetterlingsjunge**
- **Die Befreiung**
- **Ein treuer Gefährte**
- **Der Zauberwald**
- **Gefangen im Nebelgebirge**
- **Die Rettung der Prinzessin**
- **Sich dem Ungewissen stellen**
- **Carolas Märchen**
- **Elkes Märchen**
- **Ein Märchen von einer Prinzessin, einem kleinen Drachen und zwei Kriegern**
- **Der Fluch oder Liebe und Licht**

In der Obhut des großen Drachen (Manuela – 1. Fassung)

Es war einmal eine kleine Kriegerin. Sie liebte die Wälder und die Natur in all ihrer Schönheit und sehnte sich nach grenzenloser Freiheit. Aber sie lebte unter der Obhut eines großen Drachens, der sie immer wieder in ihre Grenzen verwies. Sie musste sich anpassen, einordnen und möglichst unauffällig sein, damit der Drache nicht wütend und gefährlich werden würde. Denn davor schreckte die kleine Kriegerin zurück. Das machte ihr Angst, das ließ sie erstarren. Und doch sehnte sie sich so sehr nach Freiheit und Weite, wollte sie doch aus tiefstem Herzen die Welt erobern.

Und so gingen die Jahre ins Land, und aus der kleinen Kriegerin wurde eine erwachsene Kriegerin. Die Sehnsucht war nach wie vor da und erlosch nicht. Sie glomm als kleine Flamme in ihr. Eines Tages kam ein Prinz vorbei. Und es war um die Kriegerin geschehen, sie verliebte sich in ihn. Der Drache stimmte der Heirat unter der Bedingung zu, dass auch der Prinz ihm dienen müsste. Aus lauter Liebe war der Prinz dazu bereit.

Der Prinz und die Kriegerin waren in ihrer Liebe glücklich, und eine ganze Weile erschien es der Kriegerin auch, dass so das wirkliche Leben ist. Denn sie war dankbar, dass sie den Prinzen heiraten durfte, und wollte darum eine gute Ehefrau und eine gute Dienerin des Drachen sein.

Aber mit der Zeit kam diese Sehnsucht nach Freiheit wieder und wurde so stark, dass sie alle Befürchtungen über den Haufen schmiss und aus der Obhut des Drachens floh, allerdings ganz allein! Der Prinz traute sich nicht, und sie konnte ihn auch nicht davon überzeugen, mit ihr zu kommen.

In dieser Zeit war sie sehr stark, aber genauso verletzlich. Und dann merkte sie, dass es ihr das Herz zerriss. Sie hatte eine so große Sehnsucht nach dem Prinzen. Er fehlte ihr. Da war ein Schmerz in ihr, wie sie ihn noch nie zuvor gespürt hatte. Also kehrte sie zum Prinzen zurück und begab sich wieder in die Obhut des großen Drachen.

In der Obhut des großen Drachen (Manuela – 2. Fassung)

Ich bin eine kleine Kriegerin. Ich liebe die Wälder und die Natur in all ihrer Schönheit und sehne mich nach grenzenloser Freiheit. Aber ich lebe unter der Obhut eines großen Drachens, der mich immer wieder in meine Grenzen verweist. Ich muss mich anpassen, einordnen und möglichst unauffällig sein, damit der Drache nicht wütend und gefährlich wird. Denn davor schrecke ich zurück. Das macht mir Angst, das lässt mich erstarren. Und doch sehne ich mich so sehr nach Freiheit und Weite. Möchte ich doch aus tiefstem Herzen die Welt erobern.

Und so gehen die Jahre ins Land, und aus mir wird eine erwachsene Kriegerin. Aber die Sehnsucht ist nach wie vor da und erlischt nicht. Sie glimmt als kleine Flamme in mir.

Eines Tages kommt ein Prinz vorbei. Und es ist um mich geschehen, ich verliebe mich in ihn. Der Drache stimmt der Heirat unter der Bedingung zu, dass auch der Prinz ihm dienen muss. Aus lauter Liebe ist der Prinz dazu bereit.

Der Prinz und ich sind in unserer Liebe glücklich, und eine ganze Weile erscheint es mir auch, dass so das wirkliche Leben ist. Denn ich bin dankbar, dass ich den Prinzen heiraten durfte, und will darum eine gute Ehefrau und eine gute Dienerin des Drachen sein.

Aber mit der Zeit ist da wieder diese Sehnsucht nach Freiheit in mir, und sie ist so stark, dass ich alle Befürchtungen über den Haufen schmeiße und aus der Obhut des Drachens fliehe, allerdings ganz allein! Der Prinz traut sich nicht, und ich kann ihn auch nicht davon überzeugen, mit mir zu kommen.

In dieser Zeit bin ich sehr stark, aber genauso verletzlich. Und dann merke ich, dass es mir das Herz zerreißt. Ich habe eine so große Sehnsucht nach dem Prinzen. Er fehlt mir. Da ist ein Schmerz in mir, wie ich ihn noch nie zuvor gespürt habe. Also kehre ich zum Prinzen zurück und begebe mich wieder in die Obhut des großen Drachen.

Drachenspiele (Helga)

Es war einmal in einem fernen Land eine Prinzessin. Ihr Reich erstreckte sich von Horizont zu Horizont, mit blühenden Wiesen im Sommer, gefrorenen Seen im Winter und einem Wald, der voller wundersamster Tiere war. In diesem Wald lebte ein Drache schon viele tausend Jahre.

Eines Tages nun wollte die Prinzessin ihr Reich durchstreifen, damit alle Lebewesen dort sie einmal kennenlernen könnten und auch damit sie all diese Tiere und Menschen kennenlernen könnte. Sie brach also im Morgengrauen auf und damit sie für eventuelle Gefahren gewappnet war, nahm sie ihre beste Kriegerin mit. Die beiden durchschritten zuerst die Ebene mit den wunderbaren Wiesen. Dort trafen sie viele Menschen, die friedvoll zusammenlebten. Die Prinzessin und die Kriegerin wurden freudig aufgenommen, und am Abend dieses Tages wurde zu ihren Ehren ein Fest veranstaltet. Es wurde getanzt und gelacht, die besten Speisen wurden aufgefahren und zu später Stunde, als die kleinen Kinder in ihre Betten gebracht worden waren, erschien aus dem Wald auch der Drache. Denn, so war es in jenen Tagen, alle Menschen und Tiere lebten friedlich zusammen.

Die Prinzessin war von dem Drachen sehr beeindruckt, und da sie eine schlaue Frau war, überredete sie den Drachen, mit zurück zu ihrer Burg zu kommen, um dort bei ihr und ihren Kriegerinnen zu wohnen. Denn so konnte sie von der Weisheit des Drachen lernen, und ihre Kriegerinnen konnten mit dem starken Drachen spielen.

Die Bewohner der Ebene wurden jeden Sommer aufs Schloss geladen, und es gab dann Drachenspiele für alle. Und der Drache war nicht mehr den ganzen Tag allein im Wald.

Der Preis ist heiß (Sabine)

Es war einmal eine Prinzessin, die in einem Schloss der Gefühle wohnte. Die Zimmer und Gänge waren dunkel, still und erdrückend. Sie lebte dort allein hinter düsteren Mauern. Sie wünschte sich nichts mehr, als diesen Kammern zu entfliehen.

Einmal saß sie in der Kammer der Traurigkeit und hörte von Ferne eine Musik und eine Stimme nach ihr rufen: „Richte dich auf, öffne dein Herz und deine Augen. Lass Licht in dein Leben, kämpfe für deine Freiheit, du bist stark!" Es war die Kriegerin. Diese bewohnte auch einen Raum des Schlosses. Der Raum war die Herzkammer der Prinzessin! Ein Gefühl der Hoffnung überkam die Prinzessin, doch dann haderte sie wieder. Düstere Gedanken schlichen sich erneut in ihr Herz. Die Prinzessin wanderte verzweifelt durch das Schloss. Und weil sie so fror, schlüpfte sie in das runde Turmzimmer, um sich dort vor dem Kamin niederzulassen. Das Feuer flackerte und loderte, Wärme durchfloss ihren Körper. Wenigstens ihre Glieder entspannten sich, bis plötzlich das Feuer versiegte. Ängste und Tränen erfüllten ihre Seele. Würde sie niemals das Licht und die Freude entdecken?

Dann erinnerte sie sich an eine Begegnung im Hexenwald, wo ein gutmütiger Drache wohnte. Vielleicht konnte er ihr helfen? Nur bedurfte es eines Opfers, einer Art Geschenk für den Drachen. Sie rief ihn in Gedanken zu sich, und er erschien alsbald, denn sein Fauchen entfachte wieder das Feuer im Kamin. Ihr Körper erwärmte sich erneut, sie entspannte und sah ihn nun deutlich vor sich.

Ohne Worte wusste die Prinzessin sofort, dass sie nun ihr Geschenk übergeben musste. Welches Opfer würde er wollen?

Intuitiv legte sie sich vor ihn auf den Boden. Er besprühte sie mit seinen Funken aus Feuer, Rauchwolken umhüllten ihren Körper. Sein Atem nahm Besitz von ihr. Äußerlich verbrannte sie zu Asche, verschmolz aber innerlich mit ihm. Auch die Kriegerin trat hinzu und schlüpfte in den Drachen. Das Feuer war so groß, denn alle drei verbanden sich und verschmolzen miteinander.

Übrig aber blieben Kraft, Stärke, Licht und Wärme sowie die Freude, allen Kummer und alle Ängste hinter sich zu lassen.

Der Schmetterlingsjunge (Amei)

Es war einmal eine Prinzessin, die in einem kleinen, aber sehr originellen Schloss aufwuchs. Es war ein modernes Gebäude mit vielen Rundungen und Fenstern, durch die sie einen herrlichen Ausblick auf die Landschaft hatte, denn das Schloss lag auf einer Anhöhe.

Es handelte sich um ein sehr gastfreundliches Haus. Täglich war es ein Kommen und Gehen von Freunden ihrer zwei Geschwister, ihrer Eltern und ihrer eigenen Freunde. Treffpunkt war immer der große alte Holztisch im Salon, von dem aus es in den überschaubaren, wunderschönen Garten ging. Trubelig war es also täglich, und die Prinzessin genoss die weltoffene Atmosphäre.

Eines Tages jedoch wurden viele dieser Freunde in den Krieg abgezogen, einen Krieg gegen Drachen mit funkelnden Augen und großen Pfoten. Sie waren aus dem Meer gekommen und nahmen unaufhaltsam Kurs auf das friedliche Königreich. Alle Bewohner wurden von diesem Ausnahmezustand völlig überrascht. Sie hatten nur wenige Ideen, wie sie diesen Drachen Einhalt gebieten könnten. Unter den eingezogenen Freunden war auch ein junger Mann, der ein guter Beobachter und ein kluger Denker war. Viele Stunden hatten er und die Prinzessin schon damit verbracht, in dem Schlossgarten die verschiedensten Schmetterlinge zu beobachten – durch alle ihre Entwicklungsstadien hindurch, bis sie wunderschön bunt auf einer Blüte saßen. Beobachten war dieser junge Mann gewohnt, und so zog er sich aus den normalen Gefechten gegen die Drachen heraus und begab sich auf den Drachenausguck. Eine ganze Woche lang saß er allein – tagsüber bei brennender Sonne, nachts in der Kälte – und beobachtete die mysteriösen Drachen aus dem Meer. Jeden Tag verstand er ein bisschen mehr von ihnen, und es puzzelte sich in seinem Kopf ein Plan, wie die Viecher zu überlisten seien.

Von den Kriegsanführern wollte diesen Plan jedoch keinen hören. „So eine Spinnerei", sagten sie. In seiner Verzweiflung machte sich der junge Mann auf zum Hause der Prinzessin und bat den König um Unterstützung für sein Vorhaben. Dieser sah die ausweglose Situation der Krieger, bezweifelte aber auch, dass die Drachenlist zum Erfolg führen würde. Nun lief der junge Mann zu der Prinzessin.

Diese hatte Vertrauen in ihn und seinen Plan und überredete ihren Vater ihn, bei der Umsetzung der List zu unterstützen.

Da der Vater seiner Tochter diesen Wunsch nicht abschlagen wollte und selbst auch keinen anderen Plan gegen die Meeresdrachen hatte, gab er grünes Licht. Die gesamte Armee wurde mit verschiedensten Blasinstrumenten bestückt. Bei dem nächsten Angriff der Drachen wurden diese durch die Lautstärke und Kraft der Musik zurück ins Meer gedrängt. Die Meeresdrachen reagierten empfindlich auf laute Geräusche, da sie diese vom Meer nicht gewohnt waren. Dieses Angriffs- und Fluchtszenario musste dreimal wiederholt werden, dann hatten die Meeresdrachen verstanden, dass sie keine Chance gegen das Musikheer hatten. Sie blieben von da an im Wasser und kamen nie mehr an Land.

Das Königshaus war froh, dass die Gefahr gebannt war und alle wieder friedlich und ohne Angst leben konnten. Besonders stolz war die Prinzessin, da sie den Schmetterlingsjungen als klugen und verlässlichen Freund gewonnen hatte. Sie suchten sich zusammen ein neues Beobachtungsprojekt – sich gegenseitig –, und es war superspannend, voller Überraschungen und jede gemeinsame Minute wert!

Die Befreiung (Jutta S.)

Es war einmal eine große Kriegerin. Sie war unendlich stark, aber auch sehr schlau und weise. Eines Tages hörte sie von einem großen König, der tieftraurig in seinem Schloss saß. Seine Tochter war entführt worden, und er fürchtete, sie nie wiederzusehen. Die Kriegerin machte sich auf den Weg, um ihm zu helfen. Bei ihm angekommen, sagte er: „Ein Ungeheuer hat meine Tochter entführt, doch niemand kann es besiegen. Es gibt nur ein einziges Wesen, das dies könnte: ein riesiger Drache, der in den Bergen lebt. Doch wen ich auch zu diesem Drachen schicke, um ihn um Hilfe zu bitten, keiner kehrt zurück."

Die Kriegerin machte sich auf den Weg, denn sie wollte dem traurigen König helfen. Sie fragte sich durch, wenn sie Menschen traf, um den Drachen zu finden, und hielt Zwiesprache mit Tieren und Bäumen. Sie wiesen ihr den Weg, und schließlich war sie beim Drachen angekommen.

Er war wunderschön, riesengroß und schlecht gelaunt. Sie trat unerschrocken vor ihn. Er plusterte sich grimmig auf, brüllte furchterregend und war zornig. Sie blieb weiter unerschrocken stehen, die Hände in die Hüften gestemmt. Nachdem er noch eine ganze Weile herumgebrüllt, die Flügel aufgestellt und Feuerwolken ausgespien hatte, wurde er doch ein wenig neugierig, warum diese Frau sich nicht fürchtete. Er fragte: „Was willst du hier?" Sie sagte: „Ich bitte dich um deine Hilfe." Er lachte brüllend: „Siehst du denn nicht, dass ich ein fürchterlich böser Drache bin und dich mit einem Atemzug vernichten könnte?" Sie sagte: „Ich glaube, in dir ist auch ein guter Kern. Würdest du eventuell mit mir um deine Hilfe spielen?" Er lachte, dass Gesteinsbrocken von den seitlichen Hügeln herunterkullerten. Er grinste hochmütig und sagte: „Na, ob ich dich jetzt oder in ein paar Minuten töte, ist auch egal. Du darfst sogar das Spiel wählen. Du hast sowieso keine Chance." Die Kriegerin antwortete: „Gut, ich wähle ching, chang, chung. Drei Durchgänge. Wer dann die meisten Punkte hat, hat gewonnen." Der Drache stimmte zu, fest überzeugt, unbesiegbar zu sein.

Die Kriegerin aber war ganz sicher, dass er sich größtenteils für das Feuer entscheiden würde. Und sie hatte richtig vermutet. Sie gewann mit drei Punkten

Vorsprung. Der Drache war höchst verärgert über seine Niederlage. Aber er hielt sich an sein Versprechen.

Die Kriegerin saß auf, und beide flogen zu dem geheimen Versteck des Ungeheuers. So konnte die Kriegerin das Mädchen aus der Höhle befreien. Gemeinsam flogen sie zum König zurück. Die Kriegerin bedankte sich bei dem Drachen und sagte zu ihm: „Du bist eigentlich ein guter Drache und müsstest ja eigentlich nicht so einsam in den Bergen herumsitzen."

Der König war überglücklich über die Rettung seiner Tochter. Er hat den beiden einen Platz in seinem Königreich und in seinem Schloss angeboten, sollten sie einmal des Alleinseins oder Herumreisens müde sein. Der Drache freute sich darüber und wusste jetzt, dass er willkommen war. Aber erst wollte er noch ein bisschen in der Welt herumreisen und Gutes tun. Der Drache und die Kriegerin verabschiedeten sich herzlich voneinander in der Gewissheit, dass sie sich später einmal wiedersehen würden.

Ein treuer Gefährte (Anja)

Es war einmal eine Prinzessin, die behütet und sorglos aufwuchs. Sie hatte von ihrem Vater einen kleinen Drachen geschenkt bekommen. Er war noch sehr klein, und sie hatte ihn liebevoll großgezogen. Der Drache kannte seine Artgenossen nicht und war deshalb nicht gefährlich.

Er folgte seiner Prinzessin überallhin. Sie waren zwei Freunde. Egal, was die Prinzessin bewegte, sie teilte es ihrem Drachen mit. Er verstand sie und fühlte mit ihr.

Die Zeiten änderten sich, und es gab einen Krieg. Die Prinzessin verlor ihre Eltern. Sie wurde zu einer fremden Familie gebracht, welche nicht ahnte, dass sie eine Prinzessin war. Dort wuchs sie als völlig „normales" Mädchen auf. Und wurde so erwachsen. Die Familie war nicht immer nett zu ihr. Sie hatten sie als Arbeitskraft für ihren Hof gebraucht und behandelten das Mädchen eher wie eine Hausmagd. Sie hatte einen Schlafplatz, genug zu essen, aber ansonsten keine Liebe oder Freude um sich herum.

Den Drachen hatte die Familie nicht mit aufgenommen. Er wurde ausgesetzt, und das Mädchen wusste nicht, wo ihr Drachenfreund geblieben war. Innerlich hielt sie Kontakt zu ihm. Wenn es hart zuging oder sie traurig war, schüttete sie ihm ihr Herz aus und hatte auch immer das Gefühl, ihr Freund könne sie hören. Er war ihr Begleiter, wenn auch nur vor ihrem inneren Auge.

Das Familienoberhaupt der neuen Familie war ein Krieger. Er war selten da und zog immer wieder in ferne Schlachten. Wenn er nach Hause kam, brüstete er sich mit seinen Erlebnissen. Eines Tages, das Mädchen war inzwischen eine schöne junge Frau geworden, kam der Krieger wieder nach Hause und erzählte, was er erlebt hatte. Er hatte einen weiten Ritt durch eine vertrocknete Landschaft hinter sich. Dort hatte er einen jungen Mann getroffen, der dort mit einem Drachen in einer einfachen Höhle wohnte. Die beiden schienen sich gut zu verstehen. Der junge Mann hatte in seiner Höhle zu essen und zu trinken. Er hatte dem Krieger angeboten, dies zu teilen. Der Krieger war hungrig und hatte das Angebot angenommen. Er aß sich satt und schlief dann eine Nacht in der Höhle.

Am nächsten Morgen bat der junge Mann den Krieger um Hilfe. Er wollte hier nicht mehr wohnen und weiterziehen, wusste aber nicht so richtig, wo er ein neues Zuhause finden könne, weil er seinen Freund, den Drachen, unbedingt mitnehmen wolle. Er wäre ihm vor Jahren zugelaufen und ein wahrer Freund in der Einsamkeit geworden.

Der Krieger sah sich verpflichtet, dem jungen Mann zu helfen, obwohl er kein großes Herz hatte. Er nannte ihm halbherzig seine Adresse und erzählte, dass auf seinem Hof viel Platz wäre. Der Krieger dachte sich, dann wäre wenigstens seine Familie beschützt und eine Arbeitskraft umsonst mehr zu Hause. Der junge Mann wollte sich dies überlegen.

Einige Tage später klopfte es an die Tür der Familie. Der junge Mann stand davor. Er wollte jetzt das Angebot des Kriegers erst einmal annehmen. Der Drache stand auch draußen.

Das junge Mädchen, welches in der Küche arbeitete, spürte sofort, dass eine wichtige Veränderung passierte. Sie hörte nur, dass ein Drachen draußen stand, und stürmte nach draußen. Es war ihr Freund. Der Drache erkannte sie sofort, und so standen sie endlich wieder vereint voreinander.

Der junge Mann sah dieses liebevolle Bild und verliebte sich sofort in diese schöne Frau. Er hatte auch von einem älteren Mann gehört, dass es eine Prinzessin mit Drachen gab.

Die Prinzessin hatte inzwischen selbst vergessen, dass sie eine Prinzessin war. Sie forschten gemeinsam nach und kamen so ihrer wahren Herkunft auf die Spur.

Das Schloss gab es sogar noch, es musste nur restauriert werden. Der junge Mann war fleißig und handwerklich geschickt. So schaffte er für sich und seine Prinzessin ein neues Zuhause.

Der Drache lebte bei ihnen und war weiter ihr gemeinsamer und treuer Gefährte.

Und wenn sie nicht gestorben sind ...

Der Zauberwald (Inga)

Es war einmal ein Prinz, der mit seinem Gefolge in einen Wald ritt, um zu jagen. Er war jung und mutig, ebenso wie seine Mannen. Sie hatten von einem verwunschenen Gebiet gehört, in dem ein Drache sein Unwesen trieb. Da sie voller Abenteuerlust und Übermut waren, reizte es sie, gerade in diesem Gebiet zu jagen, um ihre Kraft zu erproben.

Sie verfolgten ein zartes Wild, das jedoch schnell und wendig entkam. Dies geschah immer gerade dann, wenn es in die Reichweite ihrer Speere und Pfeile geriet. Langsam wurden die Pferde müde, und auch der Prinz und seine Männer sehnten sich danach, eine Rast zu machen. Als sie an eine Lichtung kamen, sattelten sie ab, versorgten ihre Pferde und labten sich an frischem Quellwasser.

Doch der Bach enthielt besonderes Wasser, dass die Männer Dinge sehen ließ, die vorher unsichtbar waren. Sie sahen Elfen und Zwerge, kleine Sonnenengel und Windwesen, aber auch Wurzelgnome, wilde Tiere und Drachen. Es war so, als ob sie in eine andere Welt blickten, die der äußeren, sichtbaren unterlegt war und sie durchdrang. Sie erkannten die Wesen, die den Ort hüteten, und wussten, dass hier eine Prüfung ihrer Seelen stattfinden würde.

Und schon kam ein Drache auf sie zugestampft: Er war gewaltig groß und hatte Feuer sprühende Nüstern. Alle anderen Wesen sprangen beiseite und beobachteten gespannt das Schauspiel, das sich ihnen bot. Der Prinz fühlte, dass seine Stunde gekommen war: Doch er war stark und mutig und begann, mit dem Drachen zu reden. Er sagte einfach: „Ich kenne deinen Namen. Du kannst mir keine Angst machen!"

In genau diesem Moment verwandelte sich der Prinz zum mutigen Krieger. Denn je länger der Prinz mit dem Drachen sprach, desto ungefährlicher, kleiner und durchsichtiger wurde er. Schließlich verschwand der Drache ganz.

Er hatte seine Aufgabe erfüllt, denn seit langen Zeiten hatte er eine Prinzessin behütet und dafür gesorgt, dass ihr kein Leid zugefügt werden konnte. Nun war eine neue Zeit angebrochen. Die Prinzessin war erwachsen geworden und bereit, sich zu zeigen. Von dem Mut des Prinzen war sie tief beeindruckt und wusste, dass er durch die Prüfung auf der geheimnisvollen Lichtung zum König geworden war.

Die zauberreiche Prinzessin wurde seine Königin …

Und wenn sie nicht gestorben sind, so leben sie noch heute.

Gefangen im Nebelgebirge (Sabine H.)

Es war einmal ein silber glänzender Drache, tief unter dem Nebelberg gefangen von einer schönen Prinzessin. Sie war so begeistert von diesem schönen Wesen, dass sie es für sich behalten wollte und nicht ans Tageslicht ließ. Draußen tummelten sich Prinzen und Krieger, die nichts anderes im Kopf hatten, als Jagd auf diesen schönen Drachen zu machen und sich mit einer Schuppe seines Fells oder eines Zahns aus seinem Gebiss Ruhm und Ehre zu verschaffen.

Die Prinzessin versuchte, den Drachen in seinem Verlies mit allen Möglichkeiten, die ihr nur einfielen, glücklich zu machen. Doch der Drache schnaufte nur verächtlich und wollte nichts von der Prinzessin wissen. Sein silbrig glänzendes Schuppenfell wurde immer matter, und er wurde immer trauriger und unglücklicher. Die Prinzessin sang für ihn, las ihm Geschichten vor und kochte das beste Drachenfutter, das sie nur konnte. Doch nichts davon ließ den Drachen aufatmen.

Nachts träumte er von seiner Freiheit. Er wollte fliegen und gegen Krieger kämpfen. Er wollte Feuer speien und alles machen, was ihm einfiel. Doch er lag hier unter dem Nebelgebirge eingesperrt als Spielzeug für eine Prinzessin, die nicht wusste, wie sehr sie ihn quälte mit ihrem ganzen Tamtam, ihren Liebkosungen und ihrem komischen Essen. Sie wollte nur, dass er wieder silbern schimmerte im Morgenlicht. Doch das Morgenlicht wie auch jedes andere Tages- oder das Sonnenlicht ließ sie ihn gar nicht sehen. Da sie solche Angst hatte, er könnte einen Fluchtweg finden und sie mit sich selbst allein lassen.

Die Rettung der Prinzessin (Udo)

Es war einmal ein großer Krieger. Seine Aufgabe und Bestimmung war es, Drachen aufzuspüren und zu töten. Hierin war er sehr erfolgreich und gelangte zu einer Berühmtheit – weit bekannt über alle Grenzen hinweg in allen fernen Ländern. Eines Tages bekam er wieder den Auftrag eines Königs, den Drachen in seinem Reich aufzustöbern, da dieser seine Tochter, die Prinzessin des Landes, entführt hatte. So machte sich der Krieger auf den Weg, um den Drachen und die Prinzessin zu finden. Als er ihn aufgespürt hatte und ihn in einer unbeobachteten Minute mit einem gezielten Schwerthieb töten wollte, rutschte er vom Fels ab und stürzte in eine Spalte, aus der er sich nicht befreien konnte. Der Drache selber konnte ihn zwar sehen, aber er konnte ihn nicht erreichen. In dem Moment kam plötzlich ein Prinz vorbei, der auch auf der Suche nach der Prinzessin war. Er überraschte den Drachen in dem Moment, in dem er gerade mit einem Feuerspei dem Krieger drohen wollte. Er zog sein Schwert und besiegte den Drachen. Die Rettung des Kriegers war gelungen, und tatsächlich: Prinzessin und Prinz wurden ein Paar und leben wohl noch heute. Der Krieger beschützte von da an das Schloss gegen alle Eindringlinge und Drachen.

Sich dem Ungewissen stellen (Gesa)

Es war einmal ein tapferer Ritter. Er hörte von vielen Sagen und Legenden um den See Tiefenruh. Dort unten, ganz unten sollte ein Seeungeheuer leben. Niemand wusste, wie es aussah, aber die Geschichten erzählten von einem drachenähnlichen Geschöpf.

So begab es sich, dass der Ritter sich mit eigenen Augen überzeugen wollte, ob diese Legenden war wären. Er ritt auf seinem weißen Schimmel über die Berge, die Täler und Tag und Nacht. Am 17. Tag kam er an. Es überraschte ihn diese vollkommene Ruhe und Friedlichkeit. Es war schon spät, und der tapfere Ritter beschloss, am Rand des Sees sein Lager aufzuschlagen und am nächsten Tag das legendäre Ungeheuer zu finden, von dem alle Welt sprach.

Mitten in der Nacht wachte er auf. Er hörte ein Wimmern aus der Tiefe des Sees. Nach einem Moment des Nachdenkens beschloss der tapfere Ritter, in den See zu steigen und sich dem Ungewissen zu stellen.

Er tauchte und tauchte und tauchte. Schließlich sah er das Ungeheuer, das gar nicht mehr so ungeheurig war, wie alle sagten. Es war mit seinem Flügel eingeklemmt und schrie und wimmerte jämmerlich.

Der tapfere Ritter beschloss, dem Ungeheuer zu helfen, und stemmte sich mit aller Kraft gegen die großen Steine. Es gelang ihm, sie wegzuschieben, doch er klemmte sich selbst ein.

Das Ungeheuer blickte ihn mit großen Augen an. Wie aus dem Nichts begann es zu singen, und wenig später hörte man ein dumpfes Platschen. Einen Moment herrschte Ruhe, dann sah der tapfere Ritter ein Mädchen. Es war die Wildlingsprinzessin von Aribi. So wurden auch die Wälder um den See genannt. Sie trug Pfeil und Bogen. Sorgfältig suchte sie sich einen ihrer Pfeile aus und zielte. Dann ließ sie den Pfeil auf den Stein schießen, der binnen Sekunden zu vielen kleinen Fischen und Staub zerfiel.

Der tapfere Ritter und die Wildlingsprinzessin von Aribi verabschiedeten sich von dem nun befreundeten Ungeheuer. Zusammen tauchten sie wieder auf.

Ab diesem Moment lebte der tapfere Ritter bei der Wildlingsprinzessin von Aribi und ihrem Volk.

Und wenn sie nicht gestorben sind, dann leben sie noch heute.

Carolas Märchen

Es war einmal eine moderne Prinzessin, die hatte so viele wichtige Gedanken in sich drin, dass sie sie am liebsten mit anderen Menschen teilen wollte. Wenn sie unterwegs war, fielen ihr immer wieder die schönsten Worte und Ideen ein. Aber immer dann, wenn sie sich hinsetzte und die Geschichten zu Papier bringen wollte, wollten die Gedanken einfach nicht mehr fließen.

Sie beriet sich mit dem großen Drachen, was sie denn tun könne. Der Drache sagte: „Dann musst Du Deine Worte anders aufzeichnen, wenn Du die Gedanken hast. Ich besorge Dir das nötige Handwerkszeug dafür." Gesagt, getan. Mit viel Recherche und für einen hohen Preis wurde ein Gerät beschafft, das nun die Worte ganz einfach aufnehmen sollte. Aber die Handhabung des Gerätes war nicht einfach genug, und so blieb das Gerät letztendlich ungenutzt liegen.

Den Drachen wollte sie nicht noch einmal fragen, er hatte ja bereits alles erklärt. Das klang auch ganz einfach. Aber wenn der Drache nicht dabei war, funktionierte es nicht, und die Prinzessin gab schließlich auf.

Die Prinzessin ärgerte sich darüber, dass ein so hoher Preis für das Gerät gezahlt wurde und es nun doch nicht eingesetzt werden konnte. Sie hätte eine Kämpferin rufen mögen, die sich mit dem Gerät auseinandersetzte und ihr anschließend ruhig die Funktionen erklärte und mit ihr die Bedienung üben würde. Aber es gab keine Kämpferin, die sie hätte rufen können.

Weitere Versuche, doch noch Texte zu schreiben, hat die Prinzessin immer wieder begonnen, doch letztendlich sind niemals richtige Geschichten daraus geworden. Das Geschichtenschreiben fiel der Prinzessin schon in der Schule schwer, daran hat sie sich wieder erinnert. Und nun bewahrt sie ihre Worte und Ideen in ihren Gedanken. Und manchmal, wenn sie nette Menschen trifft, wird sie zur Erzählerin …

Die Moral von der Geschichte: Gedanken sind der Anfang von Taten. Verbleiben die Taten, bleiben dennoch die Gedanken. Gedanken sind der Anfang.

ENDE.

Elkes Märchen

Es war einmal ein Drache, der lebte seit Jahrhunderten in einem Felsen. Seit einer Ewigkeit war er dort ganz allein und einsam. All seine Brüder und Schwestern waren vor ihm gegangen. Alle wurden durch starke und böse Krieger erlegt. Er hatte es sich in seinem Felsen gemütlich gemacht. Aus Reisig und Stroh hatte er sich ein gemütliches und weiches Bett gebaut. In einsamen Nächten bewunderte er immer wieder all die schönen Höhlenmalereien, die vor ihm Menschenkinder auf die harten Steine gebracht hatten, und träumte von anderen Zeiten. Außerdem hatte er den schönsten Ausblick, den man sich denken konnte: Er schaute auf einen gesunden Wald mit vielen verschiedenen Bäumen, die im Frühjahr wunderbar blühten und dufteten. Ganz weit entfernt entdeckte er ein großes Schloss. Das Meer war am Horizont zu sehen. An manchen Tagen, je nachdem wie der Wind stand, konnte er es sogar riechen. Nachts sah er zu dem Sternenhimmel empor, und manchmal sprach er dann von seiner Einsamkeit, von seinen Wünschen und Träumen.

Ab und zu sah er tagsüber sogar weit entfernt Menschen und sogar wilde Tiere. Aber er war es müde, anderen Lebewesen Leid anzutun, und hatte aufgehört, seinem Instinkt zu folgen. Ganz langsam hatte er seine Ernährung umgestellt und war nun zu einem Vegetarier geworden. Alles, was er brauchte, fand er fast vor seiner eigenen Tür. Jedes Jahr wurde sein Tisch erneut von der Natur gedeckt, und er empfand Dankbarkeit und war froh und glücklich darüber. Seine Einsamkeit allerdings machte ihm sehr zu schaffen. Er wünschte sich einen Gefährten an seiner Seite, mit dem er reden und lachen konnte. Irgendwann hielt er es nicht mehr aus, denn er hatte noch einen Funken Hoffnung.

Er nahm all seinen Mut zusammen und machte sich auf den Weg. Das Schloss war sein Ziel. Er war neugierig und wollte endlich auf Menschen treffen. Es war ein langer mühsamer Weg. Irgendwann traf er auf einen jungen Krieger, der auf einem großen Stein saß und in die Ferne sah. Beide erschraken sehr. Aber aus irgendeinem Grund sahen sie sich nur an. Ganz langsam gingen sie aufeinander zu und blickten beide in große traurige Augen. Dem Krieger ging es genauso wie dem Drachen. Auch er war allein und einsam und wünschte sich nichts sehnlicher als Gesellschaft. So machten sie vorsichtige Annäherungen und merkten, dass keiner dem anderen wehtun wollte.

Der Drache erzählte später, dass er auf der Reise zu dem Schloss sei, das er in der Ferne gesehen hatte. „Komm doch mit!", sagte der Drache. „Dann können wir gemeinsam das Abenteuer wagen, und wir werden bestimmt nicht enttäuscht werden." Also gingen sie beide los und verbrachten wunderbare Tage und Nächte miteinander. Sie kamen aus dem Reden nicht mehr heraus. Als sie kurz vor dem Schloss ankamen, entdeckten sie eine wunderschöne Prinzessin, die ganz allein auf einer Wieser Blumen pflückte. Sie erschrak sehr, als sie die beiden erblickte.

Aber auch ihr ging es wie vorher dem Drachen und dem Krieger. Sie begriff, dass sie vor dem Drachen keine Angst zu haben brauchte. Der Krieger und sie schauten einander zuerst verwundert an, und dann gingen sie langsam aufeinander zu. Es war Liebe auf den ersten Blick. Sie hatten alle drei viel zu lange aufeinander gewartet …

Ein Märchen von einer Prinzessin, einem kleinen Drachen und zwei Kriegern (Anne)

Es war einmal ein kleines Prinzesschen, ein fröhliches kleines Mädchen, liebevoll behütet von seinen Eltern, das gerne spielte, herumtollte und neugierig war auf noch Unentdecktes. Besonders gerne spielte die Kleine am Rande einer großen Wiese, an dessen Ende ein Bach entlangplätscherte; dort gab es immer etwas Spannendes zu erleben.

Julchen ging wieder einmal auf Erkundungsreise zum Bach hinunter, und tatsächlich sah sie etwas ganz Aufregendes: nämlich viele kleine Frösche, die im Wasser hin und her schwammen. Einige ließen sich von der Strömung weitertreiben. Ja, wohin denn, wie weit wohl? Julchen ging vorsichtig am Bachrand entlang. Immer die kleinen Frösche im Blick. Sie freute sich an den Stöckchen, die mitschwammen, mal sich festhakten und dann wieder befreit ihre Fahrt fortsetzten.

Plötzlich stand ihr jemand im Weg. Wie war sie erschrocken! Es war ein kleiner Dache, der genau so erschrocken war wie sie selber. „Was machst du hier?", fragten sie beide gleichzeitig. „Ich verfolge die Frösche", sagte Julchen. „Und ich fange noch ein paar kleine Frösche für meinen Froschpark", sagte der kleine Drache. „Oh, wie toll, kann ich den mal sehen? Ich möchte gerne mitmachen." Sie gingen zusammen noch ein paar Schritte am Bach entlang. Da war schon der Park: Der Drache hatte ein paar Rinnen in die Wiese gegraben, in denen Wasser stand, hatte mit kleinen Steinbergen, mit Sandhaufen, Grasbülken und kleinen Zweigen eine Landschaft gestaltet und um alles herum eine Steinmauer hochgezogen. „Damit meine Frösche nicht wegspringen und sich auf der Wiese verirren", erklärte er. Mindestens sechs kleine grüne Frösche schwammen und hüpften in dem Park herum. Auch ein wunderschöner schwarz-gelber Salamander fühlte sich offensichtlich im Sonnenschein wohl. Julchen war begeistert, so etwas Tolles hatte sie noch nie gesehen. „Komm, wir fangen noch ein paar Frösche dazu. Es sind ja noch so viele im Bach." Also versuchten sie, welche einzufangen; das war gar nicht so einfach. Julchen bekam dabei nasse Füße, aber das störte sie überhaupt nicht.

Doch dann, oh Schreck, ein Rascheln, ein Stapfen, ein lautes Schimpfen – ein finster blickender Krieger und eine Kriegerin standen plötzlich vor den Kindern. Sie gehörten zu den Leuten, die das Königreich bewachten und gegen jeden Feind verteidigten. Die Frau rief aufgeregt: „Da bist du endlich! Wir haben dich überall gesucht, Prinzessin! Oh je, halt! Pass auf, sonst fällst du ins Wasser und wirst weggetrieben wie die Frösche und die Stöckchen", rief sie entsetzt. Der Mann schimpfte: „Du böser Drache, wie konntest du es wagen, die Prinzessin zu entführen. Das wird streng bestraft, das kannst du dir wohl vorstellen. Wir nehmen dich jetzt mit, also los!"

Beide fingen an, zu weinen, sie waren so erschrocken. Als sie sich endlich wieder beruhigt hatten, erklärten sie, noch mit Tränen in den Augen, wie alles geschehen war, und dass sie doch so toll zusammen gespielt hatten. Dass dieser Park ihr Spielparadies war und auch ein Paradies für die Frösche. Das könne doch wohl jeder sehen. Sie wurden richtig energisch.

Der Krieger und die Kriegerin schauten sich an, überlegten. Sie nickten sich zu, dann meinte die Frau: „Ich glaube, wir sollten jetzt alle zusammen schnell zum Schloss zurückgehen. Der König und die Königin sind in großer Sorge, weil ihr Julchen so lange fort war. Ihr solltet ihnen von eurem Paradies erzählen. Gewiss wird es sie interessieren, davon zu hören. Vielleicht könntet ihr ja zusammen ein solches Paradies am Ende der Königswiese anlegen? Ist das nicht eine gute Idee?"

Der Fluch oder Liebe und Licht

Es war einmal eine Prinzessin, die hatte sich in einen Krieger verliebt. Doch dieser Krieger musste immer wieder in ferne Länder ziehen und kämpfen.

Eines Tages wurde er in ein abgelegenes dunkles Land gerufen, wo es nur Traurigkeit, Angst und Schmerzen gab.

Der König dieses Landes war eines Tages erwacht und hatte den Traum gehabt, dass ein verwunschener Drache den Fluch über sein Land gebracht hatte.

Dieser Drache lebte schon seit ewigen Zeiten im „Land der dürren Bäume", hinter den Flüssen im Norden seines Landes.

Er schickte Gesandte in alle Herrenländer, um einen Kämpfer und Krieger zu finden, der sie von dem Fluch befreite. Es kamen Hunderte von starken kampfbereiten Männern, doch keiner gewann den Kampf gegen den Drachen.

Da hörte der König von dem Krieger und seiner Prinzessin. Der Krieger sei etwas Besonderes, er hätte nicht nur Kraft und Stärke, sondern sei auch sehr weise.

Daraufhin ließ er ihn zu sich rufen. Der König erklärte ihm: „Ich wünsche mir so sehr, wieder Licht zu sehen. Die Natur soll erblühen, und mein Volk soll lachen und glücklich sein! Kannst du mir helfen?"

Der Krieger trat vor ihn und sagte: „Die Liebe zu meiner Prinzessin hat mich stark und weise gemacht, das ist der Schlüssel dazu!"

Und sofort zog er durch das dunkle Land, über Berge und Seen, über verkratertes Vulkangestein bis hinter die Flüsse, wo er „das Land der dürren Bäume" erreichte.

Doch der Krieger wusste und war weise genug, dass er dem Drachen nicht nur mit Stärke gegenübertreten konnte, um den Fluch zu lösen.

Der Krieger fragte den Drachen: „Warum bist du so traurig? Und warum wirfst du die Schatten auf das ganze Land?"

Da fing der Drache bitterlich an, zu weinen!

„Ich will gar nicht mehr traurig sein, die Zeit ist vorbei!"

Daraufhin wurden aus den Tränen weiße, leuchtende Kristalltropfen, die immer heller wurden. Sie wurden größer und größer, es wurde heller und heller. Das ganze Land wurde hell!

„Du hast mich durch deine Liebe vom Fluch erlöst: Hass, Gewalt und Traurigkeit sind wie verflogen!" So wurde aus dem Land ein glückliches, blühendes, neues Land.

Der König beschenkte den Krieger mit Schmuck und Edelsteinen. Als er zu seiner Prinzessin zurückkehrte, konnte er sie reich beschenken und nahm sie zur Frau. Von diesem Zeitpunkt an verbrachten sie jede Stunde miteinander in Liebe, Achtung und Zufriedenheit.

Er zog nie wieder als Krieger in andere Länder.

Der Weg ist steinig, es ist mein Weg!

Meinen Weg habe ich vor vielen Jahren in einem Bild aus Mosaiksteinen dargestellt und gesehen, wie steinig und schwer mein zukünftiger Weg ist! Dieser Zeitpunkt war der Tiefpunkt meines bisherigen Lebens. Damals hatte ich den Weg noch vor mir. Heute ist das Vergangenheit, das ist meine Geschichte.

Ich habe Herausforderungen bewältigt und mich „SELBST" gefunden.

Meine spezielle Art, anstehende Kämpfe zu gewinnen, ist eine Kombination aus Kraft, Stärke und Weisheit. Dieser Weg hat eine besondere Bedeutung für mich, und meine Lebenserfahrung hat mich zu der gemacht, die ich heute bin. Durch die Entscheidung, die ich intuitiv getroffen habe, ist eine innere Verwandlung geschehen.

Ich weiß jetzt: ES IST ALLES GUT. WAS VORBEI IST, IST VORBEI!!

Ich habe mich mit dem Drachen, mit meiner Seele verbündet. Dadurch habe ich meine Kraft gefunden und erkannt: Ich besitze Drachenkraft! Es ist eine positive Spirale in Gang gesetzt worden. So wie sich beim Drachen Tränen in leuchtende Kristalltropfen verwandeln, löst sich bei mir der Fluch durch Liebe.

Die drei Hauptfiguren des Märchens

In der Geschichte gibt es drei Hauptpersonen: einen Drachen, einen Krieger und eine Prinzessin. Es können auch eine Drachenfrau oder -großmutter, eine Kriegerin und ein Prinz sein.

Natürlich können beliebig viele zusätzliche Figuren dazukommen.

Doch diese drei Hauptfiguren sind in deinem Märchen notwendig.

Drachen

Drachen beflügeln unsere Fantasie. Sowohl Kinder als auch Erwachsene lassen ihre Drachen im Wind steigen und fühlen sich dabei frei und glücklich. Drachenflieger stürzen sich von hohen Felsen und segeln in der Luft. Interessant ist, dass Drache im Englischen „dragon" heißt und „dragon fly" Libelle bedeutet. Ein Drache ist ein schlangenartiges Mischwesen aus der Mythologie. In ihm verbinden sich die Eigenschaften von Reptilien, Vögeln und Raubtieren.

Drachen, die es wirklich gibt, sind reale Tiere, die Merkmale eines Drachen aufweisen. Zum Beispiel gibt es einen Flugdrachen. Das ist ein Leguan, der einige Meter von Baum zu Baum segeln kann. Ein anderer interessanter Drache ist der Grottenolm, der in Höhlen unter Wasser lebt. Der Gürtelschweif ist eine Echse, die dornige Schuppen besitzt und dadurch einem Drachen sehr ähnlich sieht, ebenso wie der schwarze Drachenfisch, der in der Tiefsee lebt. Der Komodowaran in Indonesien ist bekannt dafür, dass er äußerst schlau ist. Er kann Menschen voneinander unterscheiden und bis sechs zählen. Außerdem ist er sehr stark und kann mit seinem Gift einen Hirsch oder ein Schwein töten. Dracorex, der Drachenkönig, bevölkerte vor 66 Millionen Jahren Nordamerika.

In Märchen bedeuten Drachen für jeden etwas anderes. Es gibt Feuer speiende Drachen, die gefährlich und wehrhaft sind mit ihrer Schuppenhaut und gespaltenen Zunge. Oft besitzen sie sogar mehrere Köpfe und große Krallen und bewachen einen Schatz. Ihm stellt sich der Drachentöter.

Speit der Drache Feuer, so geschieht etwas Magisches. Denn Feuer macht uns große Angst. Es scheint uns in sich hineinzuziehen und jeden Gedanken aufzulösen. In fast allen Kulturen spielt Feuer eine wichtige Rolle. Götter und Göttinnen, die dieses Element symbolisieren, sind schonungslos, heftig, verzehrend und vernichtend, bis alles zerfällt und nichts mehr so ist wie vorher. Feuer kennt keine Kompromisse. In seiner Verwandlung liegt die größte Kraft.

Wie der Vogel Phönix, der verbrennt und erneut aus der Asche aufsteigt, gehen wir aus den Flammen der Krisen hervor: gereinigt, gestärkt und über uns hinausgewachsen. Die Feuerflammen lassen uns klar sehen auf das Wesentliche, die Wahrheit und alles, dem wir uns stellen müssen. Es ist das Feuer des kreativen Geistes, das unsere Ängste, Entschuldigungen, Ausflüchte und Illusionen verbrennt. Alles, was unserem Herzen entspricht, wird durch das Feuer der Transformation neu geschmiedet. Wir müssen nur loslassen und mutig handeln. Dann wird alles aufgelöst, was uns nicht länger nützt.

Machtvolle Drachen verstehen es, alle Angriffe souverän von sich abzuwenden. Ein Feuerdrache repräsentiert die Kraft, die wir in uns haben, unser inneres Feuer. Er kann nicht nur Feuer speien, sondern auch mühelos große Entfernungen überbrücken. Ein Drache ist überaus mächtig und oft ein Symbol für die Drachenkraft unserer Seele. Unsere Seele will brennen, will sich entflammen, lodern und voller Leidenschaft ihren Weg gehen. Wenn wir unser Herz öffnen finden wir Zugang zu diesem starken inneren Feuer.

Unsere innere Kraft zeigt sich manchmal auch als Glücksdrache. Dann ist sie sehr lichtvoll und mächtig, wie Fuchor in der unendlichen Geschichte. Glücksdrachen rufen mutige Verbündete und Drachenreiter auf den Plan. Und natürlich tauchen im Märchen auch immer wieder verwunschene Drachen auf, die ihrer Erlösung harren. Um sich mit der eigenen Drachenkraft zu verbinden, gibt es in China wunderschöne bunte Drachengewänder. Denn in der chinesischen Mythologie ist der Drache ein Symbol für Macht und Stärke. Er wird um göttlichen Schutz gebeten. Ein besonderes Wesen mit Drachen-, Ochsen- und Fischanteilen wird auch als „chinesisches Einhorn" bezeichnet. Es steht für Glück, Friedfertigkeit und Gerechtigkeit.

Prinzessin oder Prinz

Das Kind eines Königspaares ist etwas Besonderes. Prinzen und Prinzessinnen leben am Königshof und werden einmal das Reich regieren, Macht und Reichtümer besitzen und Verantwortung für ihr Volk tragen. Ein König schützt und verteidigt die Grenzen seines Reiches, er treibt Handel, spricht Recht und unterstützt die Notleidenden. Im Idealfall bereitet die Kindheit eines Königs oder einer Königin auf all diese Aufgaben vor. Häufig wachsen Prinzessinnen und Prinzen jedoch in Luxus auf, sie spielen, sind verwöhnt und unerfahren. Wenn sie in einer verbotenen Stadt aufwachsen, kennen sie das Leben der Bevölkerung nicht. Möglicherweise müssen sie sich sehr früh dem Hofzeremoniell unterwerfen und haben keinen Kontakt zu den Eltern. Sie wachsen ohne Spielkameraden und Freunde auf. Dieser goldene Käfig verleitet jedes Kind dazu, sich Freiräume zu verschaffen, die eigenen Wünsche zu erforschen und Abenteuer zu erleben. Im Märchen wird mit der Prinzessin oder dem Prinzen der Weg einer Seele gezeigt, die dazu gezwungen wird, ihr sicheres Terrain zu verlassen, und die sich aufmacht, um die Welt kennenzulernen. Die Prinzessin/der Prinz kehrt gereift zurück, um als Erwachsene/r die Regierungsgeschäfte zu übernehmen. Ab jetzt trägt sie/er die Verantwortung für ihr/sein Leben selbst und für das der Menschen, die ihr/ihm anvertraut sind. Sie/Er ist nun selbst König bzw. Königin in ihrem/seinem Reich.

Krieger und Kriegerin

Ein Krieger verteidigt sein Land, sein Volk, seine Würde. Er setzt sein gesamtes Geschick, Können und Kraft für ein Ziel ein. Dieses Ziel kann persönlicher Reichtum sein, für den er bereit ist, alles zu tun. Solch ein Krieger wird als Söldner bezeichnet. Die meisten Krieger setzen sich jedoch für ein großes Ziel ein. Sie beschützen ihr Volk, setzen sich ein für Freiheit, Gerechtigkeit und Frieden. Oft sind sie Krieger des Herzens, indem sie andere Fähigkeiten nutzen, um den Konflikt friedlich zu lösen.

Wenn ein Krieger in den Kampf zieht, schont er sich nicht und ist bereit, große Entbehrungen und Opfer auf sich zu nehmen. Denn das Ideal der Freiheit und der Sieg über den Feind sind sein Ziel. Kehrt er siegreich zurück, erwarten ihn Ehrungen für seine mutigen Taten, durch die er über sich hinausgewachsen ist. Er wird für immer verändert sein und mehr darüber wissen, was es bedeutet, ein Mensch zu sein. Die Zeit als Krieger wird intensiv sein, und ab da kennt er alle tiefen Gefühle. Er wird all seine Talente einsetzen, über sich hinauswachsen und wissen, wem er vertrauen kann und wem nicht. Denn davon hängt sein Leben ab.

Mancher Krieger kämpft gegen sich selbst, und das ist ein sehr schwerer Kampf, der nie endet. Doch der beste aller Krieger ist derjenige, der ohne Kampf seinen Gegner besiegt und Frieden schließt. Auch Frauen können kämpfen und Kriegerinnen sein. Oft besitzen sie besondere Waffen wie ein magisches Schwert. Es ist doppelseitig und steht für die Dualität: die Verletzung und das Leiden, aber auch für die Heilung.

Durch Schmerz gehen wir tief, wir fühlen uns selbst und finden auch Heilung. Wir können in Selbstmitleid, Schmerz, Streit und Unwahrheit leben. Oder wir nutzen die positive Seite und trennen uns von all dem Leid, von der Krankheit und Lüge. Dann lassen wir körperlichen und seelischen Schmerz los. Wir lassen all dies ziehen, so als wären es Wolken am Himmel, die der Wind davonträgt. Statt sie weiterhin festzuhalten, bitten wir jetzt um Heilung, um Schutz vor Schaden und Verletzungen. Wir tun alles, um gesund zu werden. Wir lösen uns von Groll, Konflikten und negativer Energie, weil wir erkennen, dass wir uns damit grundlegend selbst schaden. So heilen Krieger und Kriegerinnen negative Bindungen, beenden schädliche Beziehungen und bringen Heilung in ihre Familie. Die Kriegerin trennt mit dem magischen Doppelschwert die Wahrheit von der Unwahrheit. Sie bringt deine tiefe innere Wahrheit zum Vorschein, deine Authentizität, innere Schönheit und Kraft.

Es gibt ein uraltes Ritual, in dem eine Frau, die verletzt ist, Honig von einer rasiermesserscharfen Schwertklinge leckt. Das ist gefährlich, macht Angst, und sie muss unglaublich achtsam und konzentriert sein, um sich nicht zu verletzen. Frühere Heilerinnen wussten aus Erfahrung, dass unsere Aufmerksamkeit nur an einem Schmerzpunkt zurzeit gefühlt wird. Durch dieses Ritual zogen sie alle Aufmerksamkeit weg vom Schmerz der Wunde. Nachdem die verletzte Frau den Honig genossen und durch dieses Ritual ihr Gleichgewicht und ihre Selbstachtung wiedergefunden hat, versorgten die Medizinfrauen in Ruhe die Verletzungen, stillten die Blutung und versicherten der Kriegerin, dass Heilung geschehen wird.

Jede der Figuren im Märchen hat ihre eigenen Motive, zu handeln. Jeder hat eine andere Lebensgeschichte und trifft eigenständige Entscheidungen, die den Verlauf der Geschichte maßgeblich bestimmen.

Die Zauberworte: Es war einmal …

Das Märchen hat einen ganz typischen Anfang. Es sind die Zauberworte „Es war einmal …" Zauberworte sind der Schlüssel für Geheimtüren in andere Welten. Sie tragen uns an magische Orte, die wir sonst nicht besuchen können. Trittst du durch diese geheime innere Tür, ist dort die Fantasie zu Hause: Dinge sind lebendig, Tiere können sprechen, Bäume können laufen. Du selbst kannst fliegen und alles wissen. Es gibt wunderbare Wesen: Zwerge und Riesen, Feen und Drachen, Meerjungfrauen und Schneckenreiter, Drachentöter und Hauselfen, Krieger und Friedensengel, Prinzessinnen und Prinzen. Hier ist alles möglich. Es gibt keine Grenzen. Wir können überall hinreisen: in den Himmel, tief ins Meer oder in die Erde. Zeit spielt keine Rolle und Logik auch nicht.

Hörst du die Worte „Es war einmal ...", führt ab da die Intuition deine Hand, und dein Märchen entsteht fast von selbst. Du lauschst dem leisen Flüstern in dir und ohne Überlegung, ohne Plan schreibt sich das Märchen von selbst. Du bist dabei mit viel innerem Engagement und Leidenschaft. Ganz präsent und doch wie in einer leichten Trance. Kein Gedanke wandert davon, nichts und niemand schiebt sich dazwischen. Schreiben in dieser Stimmung ist ein schöpferischer Akt. Das Ergebnis überrascht und erstaunt dich möglicherweise selbst. So erging es jedenfalls vielen meiner Klienten. Und danach kehrst du langsam in die Wirklichkeit zurück.

Dieser Beginn kommt aus der unsichtbaren Ebene- so wie wir selbst. Wir erinnern uns nicht daran, wo wir vor unserer Geburt waren und wer wir waren. Doch wir sind hier und ahnen, dass unsere Herkunft ein großes Geheimnis ist, ebenso wie unsere Bestimmung. Die ruht tief in uns und ist vom Verstand nicht zu ergründen. Dazu müssen wir andere Fähigkeiten nutzen, die uns zur Verfügung stehen, aber verkümmert sind. Wir können dieses Tor aufstoßen, wenn wir unsere rechte Gehirnhälfte nutzen, die für die ganzheitliche Wahrnehmung zuständig ist. Unsere Fantasie leitet uns mit traumwandlerischer Sicherheit durch dieses Terrain.

3. Entdecke deine Berufung

Deine zweite Geschichte ist natürlich nicht wortwörtlich zu nehmen. Denn dann kann es sein, dass die Personen und Ereignisse unsinnig erscheinen. Wenn du aber tiefer schaust, erkennst du die Wahrheit hinter dem vordergründigen Geschehen. Du siehst unter die Oberfläche und kannst mühelos zwischen den Zeilen lesen. Vertraue deiner intuitiven Wahrnehmung und erinnere dich daran, dass Märchen eine symbolische Sprache nutzen, um ihre Botschaft zu überbringen. Lausche der Botschaft deines Märchens. Vieles mag offenkundig sein. Einiges bleibt unausgesprochen. Denn das Märchen und deine Geschichte sind Geschenke deiner Seele. Meistens sind sie voller Weisheit und Kraft. Um die Botschaften deines Märchens zu verstehen, brauchst du etwas Zeit.

Dann entdeckst du deine persönliche Mythologie und entwirfst ein kraftvolles Gesamtbild. Du gibst dich nicht länger mit einem beschränkten Leben zufrieden. Ganz im Gegenteil! Denn du besitzt einen reichen Schatz an Energie, Begabungen, Intelligenz und Potenzial. Du willst dich überraschen lassen vom Leben. Du bist bereit, dich antreiben zu lassen. Du lässt dir Dinge zeigen. All das, was du unternommen und gelernt hast, kann dir keiner mehr nehmen, denn es gehört nun zu dir!

Ab jetzt bist du die Hauptfigur in deinem Leben. Dies bedeutet, dass du jetzt mit einem neuen Kapitel in deinem Leben beginnst und das Fehlurteil „mit mir stimmt etwas nicht" aufgibst und lernst, deiner inneren Stimme zu vertrauen. Du füllst die Leere in deinem Herzen mit deiner ganz eigenen Energie und mit deinem Spirit. Deine wahren Bedürfnisse und Wünsche zeigen sich in deiner Geschichte. Und du gibst dir selbst die Energie, die das Innere Kind braucht. Du bist dir selbst die Ur-Mutter, die dich so akzeptiert, wie du bist. Sie gibt dir die Nahrung, die nicht nur deinen Magen füllt, sondern auch dein Herz und deine Seele nährt. Dann kannst du auch all das Gute empfangen, das dir das Leben bietet. Und es kommen die Begeisterung, der Hunger nach Abenteuer und die Furchtlosigkeit zurück. Du kannst ein wirklich abenteuerliches und unerschrockenes Leben führen! Dies geschieht, wenn du deine Möglichkeiten nutzt und ganz praktisch dafür sorgst, dass du immer einen Teil von deinem Geld wegpackst, um deine Wünsche und Träume zu erfüllen.

Im Gehirn entstehen durch die 3. Geschichte, die du schreibst, ganz neue Vernetzungen. Sobald diese neuronalen Verbindungen entstanden sind, kannst du auch im täglichen Leben neue Erfahrungen machen, die zu originellen Geschichten werden. Denn es besteht eine lebendige Wechselbeziehung zwischen unseren inneren Bildern und unseren neuronalen Netzen. Sogar unsere Zellen reagieren auf unsere Gedanken. So hat jeder Gedanke und jedes Wort Einfluss auf unseren Körper. Wenn unser Bewusstsein dadurch leichter wird, dass wir uns mit unserem gesunden Inneren Kind verbinden, überträgt sich diese Leichtigkeit auf alles in und um uns herum.

Auf diese Weise können wir mit unserer 3. Geschichte unseren Neubeginn bejahen und herbeiführen. Dies sind Wege des inneren Friedens, der Heilung und der Freude. Es ist die mutige Geschichte deiner Seele, die von Schönheit, Freiheit, Heilung und dem gefundenen Glück handelt. Indem du dich auf diese Erfahrung eingelassen hast, ändert sich deine Haltung dir selbst gegenüber. Denn deine gesamte Lebenskraft gehört wieder dir.

All die Energie-Diebe und Zukunftsräuber schickst du dahin zurück, woher sie gekommen sind. Sie haben dich lange genug gelangweilt und deine kostbare Lebenszeit verschwendet. Du hast kein Ohr mehr für all die Klagen, Vorwürfe, Schuldzuweisungen, Erinnerungen und Rechtfertigungen. Den Schmerz über deinen abwesenden Vater, deine unzulängliche Mutter, deine Kinder, die meinen, du hättest nicht alles für sie getan – all dies lässt du hinter dir.

Du lässt auch deine Selbstvorwürfe hinter dir. Vielleicht hast du Zeit vergeudet und falsche Entscheidungen getroffen, du hast es nicht jedem recht gemacht oder den falschen Beruf gewählt. All dies lässt du jetzt hinter dir und nimmst dir die Freiheit, zu erforschen, wer du bist und was du hier auf der Erde tun willst.

Denke ab jetzt größer! Denke größer von dir selbst und deinen Mitmenschen. Denke größer von der Natur und der Schöpfung. Träume größer von dir und deiner Arbeit!

Erkenne deine Stärken und entdecke Geheimnisse

Die zweite Fassung des Märchens stößt in dir einen Bewusstseinsprozess an, sodass du deine Lebenseinstellungen und Glaubenssätze erkennen kannst. Du kannst die Beweggründe für deine Handlungen entdecken und das, was dir wichtig ist.

Was strebst du an? Ist es Frieden? Toleranz? Oder Reichtum, Einfluss und Autorität? Sicherheit und Treue? Oder Freiheit und Unabhängigkeit?

Du kannst etwas Neues entdecken, das dich selbst überrascht. Alles, was in dir steckt, kannst du lebendig halten. Alfred Adler, der große Psychologe, hat über unsere moderne Welt gesagt:

„Die größte Gefahr im Leben ist, dass man zu vorsichtig wird."

Du hast dein Märchen geschrieben. Und so lange, wie dein Inneres Kind Ideen und Fantasie hat, hast du keine Angst und kannst das Leben als Abenteuer sehen. Deine kindliche Neugier ist wieder erwacht, ebenso wie die Kreativität, Lebendigkeit und Magie. All diese wunderbaren Gaben schenken dir dein Selbstbewusstsein und machen dein Leben größer, schöner und aufregender. So fühlst du dich jeden Tag neu und vital. Die schwere Zeit, in der niemand an dich glaubte, auch du selbst nicht, ist vorbei. Dadurch ändert sich deine Energie völlig. Die Neugier, die dich dazu bringt herauszufinden, was deine Mission ist und was deine besonderen Gaben und Geschenke sind, lohnt sich!

Was deutlich wird, sind deine prägnanten Stärken, die große Leistungen auf einem Gebiet hervorbringen und dich glücklich machen. Du erkennst, wie du deine besonderen Begabungen einsetzt. Im Märchen bist du ein kraftvolles Wesen, das Wunder vollbringen kann und unbegrenzte Möglichkeiten hat. Indem du deinen eigenen Weg gehst, leistest du etwas Besonderes und das bedeutet nicht, dass es dir schwerfällt! Vielleicht ist es ganz einfach für dich, doch für andere ist es erstaunlich oder sogar ein Wunder. Wenn andere deine Leistung anerkennen und sehen, welche übermenschliche Kraft in dir wohnt, bist du für sie ein Vorbild.

Pioniere überschreiten Grenzen und werden zunächst belächelt oder sogar verachtet. Dies geschah zum Beispiel mit Dr. Elisabeth Kübler-Ross: Als leidenschaftliche und engagierte Ärztin begleitete sie Sterbende. Über ihre Beobachtungen und Begegnungen mit Menschen, die an der Schwelle zur nächsten Welt standen, schrieb sie mehrere Bücher. Zunächst schüttelten alle den Kopf, denn es war eine Zeit, in der niemand über den Tod sprach. Die Arbeit von Frau Kübler-Ross wurde einfach ignoriert. Dann machte man sie lächerlich und stellte ihre fachliche Kompetenz infrage. Doch sie gab nicht auf. Und schließlich verloren immer mehr Menschen die Berührungsangst mit diesem Thema. Da kippte die Stimmung: Nun wurde sie gehört, und ihre bahnbrechende Arbeit war plötzlich interessant. Schließlich wurde sie mit 23 Ehrendoktor-Titeln ausgezeichnet, und die Bedeutung ihrer Arbeit wurde anerkannt. In Elisabeth Kübler-Ross brannte ein Feuer, das nicht zu stoppen war. Sie arbeitete nicht, um Anerkennung zu bekommen, sondern weil sie ihre Mission und Lebensaufgabe kannte.

Genau wie sie trägst auch du etwas Einmaliges in dir. Deine Geschichten zeigen, was du kannst und was dir wichtig ist: deine gesammelten Gefühle, deine geistigen Kräfte und besonderen Fähigkeiten. Wie jeder bist auch du mit allem Leben verbunden. Und es mag durchaus sein, dass dir auf deinem Lebensweg etwas von deiner Kraft abhandengekommen ist: Doch jetzt ist genau die richtige Zeit dafür, dass du dir all das Verlorene zurückholst und mutig deine seelischen Verletzungen heilst. Alles, von dem du glaubst, dass es dir fehlt, ist noch da, und zwar in dir. Deine Seele hat es für dich aufbewahrt und gehütet.

Das ist das wunderbare Geheimnis, von dem am Anfang des Buches die Rede war. Die amerikanische Psychiaterin Gail Saltz sagt: **„Geheimnisse geben uns einen sicheren Hafen, der uns die Freiheit erlaubt herauszufinden, wer wir sind."** Das Geheimnis ist in deinem Märchen versteckt und offenbart sich in deiner zweiten Geschichte. **Dein Geheimnis wirkt - einfach dadurch, dass es da ist.** Ganz erstaunlich ist, dass entdeckte Geheimnisse und geheime Schätze oft sehr zart sind: Die heilige Drachenrolle, die nur der Drachenkrieger lesen darf und die das tiefste Geheimnis des Kung-Fu enthalten soll (im Film *Kung*

Fu Panda), ist seltsamerweise eine blanke goldene Spiegeloberfläche. So ist die Lösung des Rätsels selbst wieder ein Geheimnis. Manchmal entpuppt sich das Geheimnis als leeres, unbeschriebenes Blatt oder es ist etwas Kleines, Einfaches, das man leicht übersieht und verliert wie eine Erbse oder winzige Mohnsamen. Ein anderes Mal ist es etwas fast Unsichtbares, wie ein goldenes Haar. Zuerst ist der Sucher enttäuscht. Nach all den Mühen hatte er mit einem spektakulären, wunderbaren Schatz gerechnet: mit einem Zauberbuch, einer Tarnkappe, magischem Heilwasser, mit funkelnden Edelsteinen, kostbaren Perlen oder mit dem Wissen über die Unsterblichkeit. Nun ist es etwas ganz Normales. Wie schade!

Doch alles deutet darauf hin, dass das Geheimnis nicht von dieser Welt ist. Es ist nichts Materielles. Sogar dann, wenn es ein profaner Gegenstand ist, wie ein Apfel, eine Spindel, ein Ball oder ein Schuh! Die Zauberkraft des Gegenstandes liegt im Verborgenen. Denn die Magie des Geheimnisses offenbart sich nur dem, der an seinen Zauber glaubt. Für alle anderen ist es einfach ein alltäglicher Gegenstand. Es ist der Glaube an ein Wunder, an die Liebe und die besondere Kraft, die den Unterschied machen!

Mit unserem Herzblut können wir etwas ganz Kleines und Normales zu etwas Wundervollem und besonders Wertvollem machen und „Stroh zu Gold verspinnen". **Der Zauber lautet: Damit etwas außergewöhnlich wird, muss man daran glauben, dass es besonders ist! Das Kostbare erschaffen wir mit unserer inneren Überzeugung: durch unsere Gedanken und Gefühle. Das, was wir lieben und mit unserer Energie füllen, ist von einem schimmernden Glanz umgeben.** Und auch unsere geliebten Menschen beginnen von innen heraus zu strahlen. Diese Macht deiner Magie zeigt sich, wenn du deine Sicht änderst. Dann verändern sich die Dinge vor deinen Augen.

Diese Erfahrung hast du sicher auch schon gemacht, z.B. während eines Spaziergangs am Strand. Eine Zeit lang gehst du auf Sand und Kieseln. All die Muscheln und Steine sind für dich nichts anderes als ein Stück des Bodens. Du bückst dich und hebst einen Stein auf. Du betrachtest seine besondere Form, Farbe und Maserung, hältst ihn ins Sonnenlicht und freust dich über deinen Fund. Nun besitzt du plötzlich einen einzigartigen, ganz besonderen Stein! Er ist dein Schatz und für dich ein kostbarer „Edelstein", der funkelt und blitzt.

Der Kiesel selbst hat sich nicht verändert, er ist noch genauso wie vorher. Das Einzige, was sich geändert hat, ist deine Sicht auf diesen einen Stein. Er ist dir aufgefallen, und als du ihn aus seiner tarnenden Umgebung herausgenommen hast, konnte er seine Schönheit zeigen.

Wenn du dich selbst aus deinem Alltag herausnimmst und in dein Märchen lauschst, geschieht das Gleiche: Du wirst entdecken, dass das Geheimnis deines inneren Schatzes und deiner Schönheit in deinem Märchen enthalten ist. Du kannst so handeln, als ob du all das in dir hättest, von dem du bis jetzt dachtest, es wäre schon verloren. Denn dein wahres Selbst ist so viel mehr als die Rollen, die du im täglichen Leben spielst. **Es ist alles schon da, und das ist das große Geheimnis.**

Welchen Weg schlägt deine Hauptperson ein?

Wir lernen deine Hauptperson in ihrer gewohnten Umgebung kennen. Ein Ereignis oder eine Botschaft lässt sie handeln oder eine Reise antreten. Auf ihrem Weg hat sie eine Reihe von Prüfungen zu bestehen, bis sie schließlich ihr Ziel erreicht. Sie muss jedoch einen übermächtigen Gegner besiegen oder große Schwierigkeiten und Herausforderungen meistern. Das führt dazu, dass ihre Welt gerettet wird. Deine Hauptperson hat einen Wandlungsprozess durchlaufen und kehrt als verwandelter Mensch an ihren Ausgangspunkt zurück.

Oft weigert sich die Hauptperson, die Reise anzutreten. Dann tritt ein Begleiter, Lehrer, Freund, Mentor oder Tierhelfer auf den Plan, der sie ermutigt. Sie wird auf ihrem Weg Schwellenhüter treffen: starke Krieger, Gift mischende Hexen, Feuer speiende Drachen oder mächtige grausame Könige, die ihr Leben bedrohen. Der Hüter der Schwelle muss nicht unbedingt eine Person oder ein Ungeheuer sein. Er kann sich auch als Bauwerk, wie eine Mauer oder ein verschlossenes Tor zeigen. Oder auch als Naturgewalt auftreten wie ein reißender Strom, ein unüberwindliches Meer, ein Sturm oder Bergmassiv. Diese Hindernisse müssen überwunden und Prüfungen müssen bestanden werden. Denn sie stellen den (symbolischen) Tod dar. Wenn es am Tiefpunkt, am Abgrund zur Konfrontation mit dem Tod kommt, verändert diese Prüfung die Hauptperson, und sie entdeckt ihren größten Schatz. Sie wird ein zweites Mal geboren und kehrt mitsamt all ihren Kostbarkeiten zurück in die gewohnte Welt.

Koste den magischen Zaubertrank

Wer es versteht, einen Zaubertrank zu mixen, besitzt große Macht. Darum werden die Zutaten eines Zaubertranks streng geheim gehalten. Als Medizinfrau kenne ich das gut gehütete Geheimnis. Heute ist ein guter Tag! Denn ich werde dir verraten, wie du deinen eigenen Zaubertrank zubereitest.

Die Zutaten eines Zaubertranks bestehen aus dem Wissen, was dich stark und unbesiegbar macht. Damit du stark bist, ist es unglaublich wichtig, wie du über dich denkst und welche Beziehung du zu dir selbst hast. Darum mische ich jetzt die Essenzen, schüttle sie und fächle sie mit einer Adlerfeder in die Luft. Dann kannst du dir das einfangen, was zu dir gehört.

Das Rezept des Zaubertranks lautet:

Verwandle Probleme in Lösungen und lenke die Energie in eine positive Richtung.

Alle Erfahrungen, die du auf deinem bisherigen Weg gesammelt hast, haben dich fähig und kompetent gemacht. Darum kannst du sicher und voller Vertrauen vorangehen. Denn nun weißt du, wer du bist, und hast ein gesundes Empfinden dafür, wo deine Verantwortung liegt, wo dein Einfluss endet und wo der anderer beginnt.

Wenn du schon einmal eine Trennung erlebt hast oder berufliche Schwierigkeiten hattest, hast du dir viele Sorgen gemacht. Um aus einer schweren Krise zu gelangen, ist es notwendig, dein Leben aus einer anderen, einer positiven Perspektive zu sehen.

Wenn du zurzeit ohne Partner, ohne Job, ohne Kind und ohne Hund bist, lebst du unglaublich frei.

Genauso kannst du Probleme in Lösungen verwandeln.

Bei der Scheidung der Eltern geht es also nicht darum, als Kind verlassen zu werden oder einsam zu sein, sondern darum, die Gelegenheit zu erhalten, ungeahnte Fähigkeiten zu entwickeln wie Selbstständigkeit, Mut, Stärke, Durchhaltevermögen, Kreativität, Gottvertrauen oder musikalische Talente zu entdecken.

Wenn es bisher mit einzelnen Partnern nicht geklappt hat, ist dies nicht länger ein Versagen in der Liebe. Die bisherigen Erfahrungen können möglicherweise das Herz öffnen für einen neuen Partner oder eine größere Aufgabe, als es eine Ehe oder Partnerschaft ist. Wer verlassen wurde, hat jetzt die Gelegenheit, seine Wut und Trauer zu verwandeln und zu erkennen, dass er vorher innerlich selbst gegangen ist. Er kann verzeihen, verstehen und weitergehen in dem Wissen, dass er sich jederzeit auf sich selbst verlassen kann.

Oder wenn Kinder ihre ganz eigenen Wege gehen, ist dies nun ein Zeichen dafür, dass sie die Stärke und den Mut von uns mitbekommen haben, selbstbewusst ihrem eigenen Stern zu folgen.

Wenn du eine schlimme Erfahrung in dir trägst, darfst du ihr nicht die Macht geben, dein gesamtes Leben zu bestimmen! Erniedrigende Lebensumstände bringen die Seele dazu, Stolz und Arroganz zu überwinden und demütig zu handeln.

So entpuppt sich vieles, was vorher als Hindernis zum Glück erschien, durch eine neue Perspektive als Chance. Sie zeigt, wie du Konflikte bewältigst oder in Beziehungen Grenzen setzt.

Du kannst die Geschenke und Lektionen deiner Lebensgeschichte herausarbeiten und eine neue Landkarte für deine Seelenreise zeichnen.

Eine Situation, ein Gegenstand und ein Ereignis sind zunächst leer und gewinnen erst durch deine Betrachtung und Interpretation die Bedeutung, die du ihnen gibst.

Ein Sack voll Gold ist meistens ein Segen, doch für einen gefassten Dieb bedeutet er jahrelanges Gefängnis. Diese Beispiele zeigen, dass unsere Welt nicht objektiv ist. Antoine de Saint-Exupéry hat diese Subjektivität wunderbar beschrieben in seinem Buch „Der kleine Prinz". Dort bewohnen die einzelnen Menschen ihren jeweiligen Planeten und leben in ihrer ganz eigenen, subjektiven Welt. Der König strebt nach Macht, der Eitle nach Bewunderung, der Geschäftsmann nach materiellem Reichtum. Doch all ihr Streben hat jeden in die Einsamkeit geführt, denn sie haben nicht das Bedürfnis, sich zu verändern oder zu lernen, Freunde zu finden oder Selbsterkenntnis zu erlangen. Stattdessen verharren sie auf ihrem einsamen Planeten. Wir wissen: Es gibt unendlich viele Planeten.

Und es gibt vieles mehr, das wir mit unseren begrenzten Sinnen nicht wahrnehmen können. Forschungen zeigen, dass zahlreiche Tiere ein sehr viel größeres Wahrnehmungsspektrum besitzen als Menschen und besondere Fähigkeiten besitzen: Hunde hören viel besser als Menschen. Wale senden eine Information ohne Veränderung einmal um die Erde. Delfine orientieren sich über Echolot. Spinnen weben Netze, die extrem flexibel und sensibel sind. Dem mexikanischen Lurch Axolotl wachsen nach einer Verwundung in wenigen Tagen Körperteile nach. Es gibt Fische, die in extrem heißen Quellen überleben.

Aus der Unmenge von Informationen, die uns täglich erreichen, filtern wir nur das heraus, was uns wichtig erscheint. Und dies zeigt, dass unsere Welt, so wie jeder sie persönlich erlebt, wirklich sehr subjektiv ist!

Entdecke deine persönliche Berufung

Das Märchen lässt dich Zusammenhänge erkennen, die vorher nebulös waren. Jedes noch so kleine Detail hat eine Bedeutung, und wenn du es für dich entschlüsselst, begegnest du dir selbst auf wundersame Weise völlig neu. Du kannst die Signale deiner Seele für dich nutzen, und besonders das zweite Märchen erlaubt dir, genau hinzugucken, wie du über dich selbst denkst. Und du kannst erkennen, was das Gute am Schlechten war. Doch es gibt noch andere verborgene Schätze, die meistens nicht offen herumliegen, sondern ausgegraben werden müssen. In jedem Fall erkennst du, was dir geholfen hat, zu überleben. Und du entdeckst, welche Fähigkeiten du entwickeln konntest, als das Überleben nicht mehr dein einziges Ziel war.

Dein neues Ziel lautet: Ich will ein reiches, sinnvolles und erfülltes Leben führen.

Dabei helfen folgende Fragen:

- Wie überwindest du Trägheit?
- Wann handelst du?
- Was hast du gelernt, verstanden und erfahren?
- Wie gestaltest du Beziehungen?
- Welche Abenteuer hast du erlebt?
- Wie löst du Konflikte?
- Wann warst du mutig und bist über deine Grenzen hinausgewachsen?
- Wie setzt du Grenzen und sagst Nein?
- Wann hast du deine Stärke und Sanftheit gezeigt?
- Was ist dir gut gelungen?
- Was war schön?

Diese Fragen bringen das ans Licht, was dich ausmacht. Mit ihnen holst du deine vergessenen und gestohlenen Kostbarkeiten zurück in dein Leben. Das Glück ist auf dem Weg zu dir.

Welches Geschenk wolltest du als Kind der Welt machen?

Schließe die Augen für einen kleinen Moment und entspanne dich. Atme ruhig und gleichmäßig, sitze gerade und lass die Schultern entspannt nach unten sinken.

Erinnere dich nun an das kleine Kind, das du einmal warst. Erinnere dich an eine Situation, in der du glücklich warst und dich ganz sicher gefühlt hast.

Nimm dir alle Zeit, die du brauchst:

- Was hast du getan?
- Was hast du gespielt?
- Was hast du gedacht, gewusst und gewollt?
- Welches Geschenk wolltest du der Welt machen?

Komm langsam zurück in diesen Raum. Bewege Hände und Füße etwas, um deinen Körper wieder zu spüren. Und wenn du möchtest, mach dir Notizen.

Was bringt dein Herz zum Singen?

Dein Märchen zeigt dir, was du besonders gut kannst. Es offenbart, wofür du dich einsetzt und was deine größte Stärke ist. Wenn du diese Stärke kennst und lebst, beginnt dein Herz zu singen. Dann bist du ganz bei dir, in deiner Kraft und zeigst deinen inneren Reichtum. Deine Augen leuchten, wenn du statt der warmen, abgestandenen Luft die kühle Brise wählst und neugierig bleibst. Damit gibst du auch anderen ein Beispiel und die Erlaubnis, sich auch so zu zeigen, wie sie sind. Dein Potenzial zeigt sich in deiner Kraft, Macht und Fähigkeit, etwas zu bewirken.

Ist deine Stärke Ehrlichkeit? Dann sprichst du die Wahrheit aus, zeigst dich authentisch, bist ehrlich mit dir und anderen.

Ist deine Stärke Glaube? Dann glaubst du etwas, wofür es keinen physischen Beweis gibt. Du glaubst an dich selbst und siehst dich gesund und glücklich.

Ist deine Stärke Liebe? Dann sind es nicht nur Gefühle, sondern es ist die Art und Weise, wie du Menschen, Tiere, die Natur und dich selbst behandelst. Liebe ist das Gegenteil von Angst. Liebe ist der Urzustand des Lebens.

Ist deine Stärke Schönheit? Dann erkennst und erschaffst du um dich herum Harmonie und kreierst Balance und ein schönes Gleichgewicht. Das ist etwas sehr Kreatives und Spirituelles.

Ist deine Stärke inneres Wissen? Dann vertraust du deiner Intuition, weil du die Erfahrung gemacht hast, dass du Dinge einfach weißt.

Ist deine Stärke Glück? Dann glaubst du ohne Urteil an dich selbst und andere. Du hast die Fähigkeit, aus allen das Beste hervorzulocken.

Ist deine Stärke Power? Dann besitzt du eine enorm große Kraft, um Neues in die Welt zu bringen.

Ist deine Stärke Humanität? Dann kannst du im Anderen dich selbst erkennen und ihm geben, was du dir selbst wünschst.

Ist deine Stärke Kommunikation? Dann kannst du dich gut in andere einfühlen und hast ein Gespür für den richtigen Zeitpunkt, wann der andere bereit ist, dir zuzuhören. Du findest die Zauberworte.

Ist deine Stärke Gerechtigkeit? Dann bist du ein Krieger, der seinem Herzen folgt und bereit ist, Opfer zu bringen für eine bessere Welt. Du trittst dafür ein, dass andere Respekt erhalten.

Ist deine Stärke Humor? Dann kannst du innerlich Abstand nehmen von der Situation und dir selbst. Das erlaubt dir einen Gedankensprung, sodass du die Situation in einen völlig anderen Zusammenhang stellst. Diese Doppelbedeutung bringt dir und anderen Spaß und erleichtert das Leben ungemein.

Ist deine Stärke Wildheit? Dann bist du ungezähmt, unabhängig, direkt und frei. Du handelst instinktiv und unvorhersehbar. Du kümmerst dich nicht um Konventionen und erinnerst deine Umgebung an das Wahre, Ehrliche und Ursprüngliche.

4. Kreiere deine Lebenswirklichkeit

Dein Märchen bringt dich auf gute Gedanken

Mit der dritten Geschichte werden deine inneren Programme umgewandelt, sodass deine Lebensenergie wieder frei fließen kann. Du erzählst deine Seelengeschichte und das Abenteuer deines Lebens. Sie bewahrt deine Erkenntnisse, Wege und besonderen Fähigkeiten.

Während des Schreibens wirst du Inspiration erhalten, denn du bist völlig authentisch.

„Heute ist ein guter Tag. Egal, ob ich weine oder lache. Heute ist ein guter Tag, denn ich lebe!"

Diese dritte Geschichte ist von unschätzbarem Wert, denn sie ist eine Tröstungserfahrung, an die du dich später in schwierigen Situationen erinnern kannst. Deine letzte Geschichte kann für dich und dein Leben große Heilung bringen. Du weißt, du trägst alle Kraft, die du brauchst, in deinem Inneren. Und je vertrauter du mit ihr wirst, desto mehr begleitet sie dein tägliches Leben und desto wohler fühlst du dich.

Du hast schon viel Arbeit geleistet, um die Essenz deines Märchens herauszufiltern. Ich habe noch einige Impulse, die dir für deine dritte Geschichte Inspiration schenken:

Wie lautet die Überschrift deines Märchens? Sie gibt erste Hinweise darauf, um welches Grundthema es in deinem Leben geht.

Wer kannst du sein? Deine wunderbare Geschichte verlangt deine vollkommene Ehrlichkeit, die keine Gedanken und Gefühle versteckt. Steh zu deinen besonderen Gaben! Jetzt ist es an der Zeit, deine verborgenen Gedanken aus dem Korb zu holen und Ideale unter Felsbrocken zu befreien.

Nur so öffnet sich die Welt für wunderschöne und federleichte Gedanken, die durchsichtig schimmern wie Schmetterlingsflügel oder so faszinieren wie bunte Glassplitter in einem Kaleidoskop. Sie niederzuschreiben bedeutet, die Schwerkraft zu verlieren, vertrauensvoll, ganz offen, mutig und vollkommen ehrlich zu sein. Diese visionären Gedanken führen dich zu wichtigen und erhebenden Erkenntnissen. Sie bringen dich wieder in Verbindung mit etwas, das größer ist als du selbst. Und sie helfen dir, dich wieder daran zu erinnern, wer und was du bist.

Schreibe die Geschichten und Lieder, die du den Menschen und der Welt schenken möchtest. Woran sollen sich deine Kinder erinnern, und wie möchtest du ihnen erzählen, wie sehr du das Leben geliebt hast?

Erzähle von deinem Weg der Kraft: Wie du im Feuer getanzt hast und neugeboren wurdest. Wie du aus einer dunklen Höhle deiner Ängste gefunden hast. Wie dich das Meer hin und her geworfen und alles weggespült hat, was dir lieb und teuer war.

Auf deinem Weg hast du viele Chancen genutzt und deine Kraft gebündelt und dabei erfahren, dass die Kraft in der Tiefe ruht. All das hast du überlebt, weil deine Liebe zum Leben so überaus groß ist. Nichts konnte dich irritieren, denn du hast die Quellen deiner Kraft genutzt. So bist du deinem Ruf gefolgt, hast deine Gaben genutzt und unerwartete Hilfe erhalten.

Du weißt nun: Wenn du für Licht sorgst, kann es keine Dunkelheit geben! Du bist die Lichtbringerin, der Sohn der Sonne, der voller Liebe ist, seine Ängste hinter sich lässt, Heilung und Schönheit in die Welt trägt.

Zeige dich, wie du bist! Sei nicht vorsichtig oder ängstlich! Sage, was du zu sagen hast!

Kämpfe für deine Werte, und es wird dir gut gehen!

Die grundlegende Einstellung dir gegenüber besteht aus Wertschätzung, Liebe und Achtsamkeit.

Dein Verhalten und bisherige Situationen haben dir dabei geholfen, Dinge zu erkennen und zu lernen. Dazu ist es notwendig, die Perspektive zu ändern. Du konzentrierst dich nur auf das, was vor dir liegt, ohne Angst erkennst du deinen Eigenwert.

Ab jetzt wirst du das Glück und das Leben genießen. Natürlich wird es immer gute und schlechte Tage geben. Du musst durch die schlechten Tage hindurchgehen, um wieder an die guten zu kommen.

Doch eigentlich ist jeder Tag gut, an dem du atmest und am Leben bist!

Meistens zeigt sich der Sinn von etwas erst in größerem Zusammenhang. Durch das entspannte Schreiben deines ersten Märchens hast du die nötige Distanz zum alltäglichen Erleben gewonnen.

In der zweiten Fassung erkennst du deine Lebensspur und kannst Veränderungen im Leben besser begreifen. Du reflektierst die eigene Entwicklung und nimmst deine Reifungsgeschichte wahr. Sie erzählt davon, wie du so geworden bist, wie du bist.

Häufig führt die Frage nach dem Warum nicht weiter, sondern eher die Frage „Wozu hat es geführt?“ oder „Was hat es bewirkt?“. Dann erfährst du, was du aus deinen Schwierigkeiten lernen kannst, um daran zu wachsen. Viele Lebenserfahrungen sind schwierig und schmerzhaft und trotzdem bedeutsam und lehrreich. Möglicherweise zeigt dein Märchen, wie du Macht haben kannst, ohne sie zu missbrauchen. Dies ist wahrscheinlich von allen Aufgaben des Lebens die schwierigste.

Nicht nur für dich, sondern für jeden Menschen besteht eine große Herausforderung darin, die innere und äußere Welt in Balance zu bringen, sodass dein Fühlen, Denken und Handeln im Einklang sind.

Deine dritte Geschichte erzählt davon, wie du dies bewältigst. Sie hebt den Sinn deines Lebens hervor. Schreibe sie so, dass deine Selbstachtung und dein Selbstrespekt erblühen. Dadurch erhöht sich deine seelische Gesundheit.

Erlaube deiner Intuition, eine Geschichte von unaussprechlicher Schönheit zu schreiben. Denn du bringst kostbare und besondere Gaben auf die Erde.

Dein innerer Stern

In meiner Praxis hat es sich bewährt, mit dem inneren Stern zu arbeiten. Doch das ist nicht notwendig, wenn du inzwischen schon genug Impulse für deine dritte Geschichte gesammelt hast. Dies ist lediglich ein Zusatzangebot, um noch mehr Klarheit zu finden.

Für deinen inneren Stern zeichnest du einen Kreis mit beliebig vielen Strahlen. In die Mitte schreibst du dein Lebensthema oder -motto, deine Berufung oder die Überschrift deines Märchens. Die Strahlen werden einzeln beschriftet mit all den Dingen, die mit deiner inneren Reise zu tun haben: deine besonderen Talente, Begabungen, Fähigkeiten, Wendungen, Erkenntnisse, Problemlösungen und kreativen Eigenschaften. So entsteht ein Gesamtbild von Assoziationen, die häufig ganz neue Gedanken hervorbringen.

Neue starke innere Haltungen entwickeln sich aus ungewohnten Perspektiven, gemeisterten Krisen und persönlichen Fähigkeiten. Die einzelnen Lebensbereiche werden zusammengeführt und ergeben schließlich ein Ganzes – ein in sich stimmiges, faszinierend schönes Muster, das nicht geplant oder vorhergesehen werden kann. Es ist wie die individuelle Struktur einer Schneeflocke. Es geschieht ganz von selbst, wenn du deine Bestimmung kennst und dein Leben danach ausrichtest.

Deine Berufung ist der leuchtende Stern, dem du folgst.

Wenn du diesen wunderschönen Stern erreichen willst, lässt du dich nicht davon abbringen und erkennst sofort, wenn dir irgendjemand einen billigen Ersatz dafür anbietet. Wenn dir jemand eine leuchtende Glühbirne vor die Nase hält, siehst du genauer hin und lässt dich nicht blenden. Eine Glühbirne hat nur eine begrenzte Leuchtkraft, und wenn sie ausgeht, sitzt du wieder im Dunkeln. Darum greifst du jetzt nach dem Stern, nach deinem Stern, egal wie weit entfernt er ist!

Deine dritte Geschichte erinnert dich daran, das Leben als Abenteuer zu betrachten. Es ist eine wunderbare Übung in Selbstwertschätzung, bei der du entdeckst, dass du dir etwas wiederholen musst, das dir gehört.

Es ist ein großes Glück, wenn du entdeckst, was dir wichtiger ist als alles andere. Wenn du dafür kämpfst und gewinnst, verleiht dir diese Erfahrung neues Selbstbewusstsein. Du kannst etwas wagen, was zunächst unmöglich scheint. Nelson Mandela hat es uns vorgelebt: „Es erscheint immer unmöglich, bis es getan ist."

Finde die wichtigen Dinge

Ein Professor stand vor seiner Klasse, nahm eine Vase und begann, diese mit Steinen zu füllen. Er fragte die Studenten, ob die Vase nun voll sei. Sie bejahten. Dann nahm der Professor Kieselsteine und schüttete sie in die Vase. Sie rollten in die Leerräume zwischen den großen Steinen. Wieder fragte der Professor, ob die Vase nun voll sei. Die Studenten stimmten erneut zu. Nun nahm der Professor Sand und schüttete ihn in die Vase. Natürlich füllte der Sand den kleinsten verbleibenden Freiraum. Er fragte wiederum, ob die Vase voll sei und die Studenten antworteten einstimmig „Ja"! „Nun", sagte der Professor, „die Vase ist ein Symbol für euer Leben. Die Steine sind die wichtigen Dinge, die eurem Leben Sinn geben und euch glücklich machen. Die Kieselsteine sind weitere kleine Dinge, die weniger bedeutsam sind. Der Rest ist nur Sand. Wenn ihr die Vase nicht erst mit den großen Steinen füllt, habt ihr später keinen Platz mehr dafür. Was sind die großen Steine in eurem Leben?

Den Sinn deines Lebens kannst du nicht erdenken oder erfinden, aber selbst entdecken. Es ist ein behutsames Sichannähern und Wiederanbinden an die Quelle des Lebens.

Dein Inneres Kind erzählt dieses Märchen. Damit sprengt es deine Fesseln, befreit deine Gedanken und schenkt dir deine Flügel zurück. Es zeigt die fantasievolle Vision von einem Menschen, der bereit ist, seinen inneren Reichtum großzügig mit anderen zu teilen. Er hört nicht auf, mit seinem Herzen und Geist neue Horizonte zu entdecken.

Mit deiner neuen Seelengeschichte holst du dir das zurück, was dein Eigentum ist: deine wunderbare Einzigartigkeit, deine besondere Energie und Kraft und all deine Fähigkeiten, die du der Welt zum Geschenk machen kannst. Du weißt:

Ohne dich ist die Welt ärmer, und du würdest fehlen. Die Welt braucht dich nicht als verschlossene Knospe, sondern als geöffnete Blüte, die mit ihrem Duft die Umgebung verzaubert.

Wenn du aus der Vogelperspektive auf das schaust, was du aus dem Unterbewusstsein deines Inneren Kindes aufgeschrieben hast, erkennst du, was das Leben von dir will. Indem du deine Sichtweise erweiterst, folgst du der Stimme deines Herzens, die dich den Sinn des Lebens finden lässt. Wenn du diese neue Geschichte geschrieben hast, bist du durch dunkle, enge Gassen gewandert, bist Schattengestalten begegnet und hast den Weg ins Licht gefunden. Nun fühlst du dich wie neugeboren, und dein Weg liegt offen vor dir.

Wir alle sind hier auf der Erde zu Besuch, und ganz sicher wird dich deine Reise irgendwohin führen. Dein Leben wird dich langsam in die Liebe und das Licht der Wahrheit führen. Dann umhüllt dich ein Glanz, der andere Menschen an die friedvollen Dinge erinnert. Dies geschieht einfach dadurch, dass du da bist. Du bist einmalig als Mensch und Talent.

Die dritte Fassung deiner Geschichte: Dein Traum vom Leben

- **Arbeitsanweisung: Schreibe die Geschichte ein drittes Mal**

Jetzt bist du wieder die Hauptfigur

- o Schreibe in der Gegenwart,
- o sei aktiv und nimm dein Schicksal in die Hände,
- o triff Entscheidungen,
- o nutze deine besonderen Gaben,
- o mache das Kleine groß,
- o ziehe aus deinen Wunden Kraft und
- o glaube an Wunder!

Im allerersten Beispiel lautete die Märchenfassung: „Die Prinzessin wurde geraubt, während der König und die Königin ein Fest feierten."

Die zweite Fassung lautete: „Während der König und die Königin ein Fest feiern, werde ich geraubt."

Die dritte Fassung könnte folgendermaßen lauten: „Ich bin eine abenteuerlustige Seele, die sich aus ihrer Sternenheimat auf den weiten Weg zur Erde macht, um …"

Oder:

„Ich bin eine mutige Frau, die der Sehnsucht ihres Herzens folgt. Ich begebe mich auf eine lange beschwerliche Abenteuerreise in ferne Länder, um einen sagenhaften Schatz zu finden, der mir gehört."

Oder aber ganz anders, so wie es dir entspricht …

Arbeitsanweisung

Schreibe die Vision von dem, was du sein kannst, in ein schönes Buch. All die wunderbaren und glanzvollen Gedanken in deinem Buch verbergen, dass es vorher nur ein schönes, aber leeres und unbeschriebenes Buch war.

Du machst es mit deiner Wundergeschichte zu einem Zauberbuch.

Lege es auf deinen Nachtisch, sodass jeden Morgen dein Blick zuerst darauffällt und dich daran erinnert, weshalb du hier bist. Und jeden Abend schaust du auf dein schönes Buch und flüsterst leise ein Dankgebet.

III. LEBE DEINE BERUFUNG

1. Erschaffe mehr Lebensqualität für dich und andere

Visionen, die Mut machen

In der Obhut des großen Drachen (Manuela)

Wie bin ich glückselig mit meinem Prinzen vereint. Ich ordne mich wieder unter. Vielleicht nicht ganz wie zuvor. Und erstaunlicherweise ist der Drache auch gar nicht richtig böse. Und die Flamme ist da, in mir und größer als zuvor.

Ich erzähle es dem Prinzen und dass ich mit dem Drachen reden möchte, ob es nicht eine Möglichkeit gibt, dass wir unsere Freiheit erlangen können. Der Prinz kann es sich nicht vorstellen. Ich nehme all meinen Mut zusammen und gehe zum Drachen und frage, was ich tun muss, damit der Prinz und ich das Reich des Drachen verlassen dürfen.

Darauf ist der Drache nicht vorbereitet. So etwas hat es noch nicht gegeben! Dann sagt er aber, um meine Freiheit und die des Prinzen zu erlangen, muss ich drei Aufgaben bestehen.

1. Mich von einem hohen Felsen in einen See fallen lassen
2. Durch eine Schlucht wilder Tiere gehen
3. Durch das Feuer des Drachens springen.

Würde ich das schaffen, dann wären der Prinz und ich frei.

Zuerst verlässt mich sämtlicher Mut. Wie soll ich das nur schaffen? Aber das Feuer in mir lässt mich auch nicht los. Es ist wie verhext. Also nehme ich meinen ganzen Mut zusammen und klettere auf den hohen Felsen. Was kann mir schon passieren?

Eine ganze Menge! Und doch schaffe ich es, überwinde meine Angst und springe. Es ist überhaupt nicht schlimm. Ich lande gut im Wasser, trotz der Höhe. Und das macht mir Mut, auch die zweite Aufgabe anzugehen.

Die Schlucht der wilden Tiere wird von allen gefürchtet und gemieden. Und ich muss da jetzt durch. Aber um die Freiheit zu erlangen, bleibt mir nichts anderes übrig, außer natürlich zurück in die Obhut des Drachen.

Und ich weiß, wenn ich durch die Schlucht der wilden Tiere gehen will, muss ich zuerst meine Angst besiegen, sonst werde ich grausam sterben. Also sage ich mir, dass ich diesen Tieren mit Respekt und Achtung entgegentreten will und selbst aber auch Respekt und Achtung von ihnen erwarte. Mit dieser inneren Haltung mache ich mich auf den Weg durch die Schlucht der wilden Tiere. Und wie durch ein Wunder wird mir kein Haar gekrümmt.

Nun bin ich selbst überrascht, was ich bewegen kann, was möglich ist.

Da sollte ich doch einen Weg finden, um durch das Feuer des Drachen zu springen. Aber wie kann ich dieser Hitze, dieser Feuersbrunst begegnen? Feuer löst in mir einen riesigen Respekt aus. Mit Feuer ist nicht zu spaßen. Aber da ist ja auch die Flamme in mir. Ich will dem Feuer des Drachen mit dem Feuer in mir begegnen. Mit dieser Einstellung wird die Flamme in mir größer und größer. Ich kann dem Drachen entgegentreten und setze zum Sprung an. Ich durchdringe die Flamme des Drachens, ohne Schaden zu nehmen.

Somit habe ich alle drei Aufgaben gelöst, und der Prinz und ich sind endlich frei! Frei aus der Obhut des Drachen. Was für eine Freude!

Überglücklich und voller Neugier machen wir uns Hand in Hand auf den Weg, um die Welt zu erobern.

Drachenspiele (Helga, 3. Fassung)

Ich bin eine mutige Seele, die sich auf den Weg macht, um sich selbst, ihre Vergangenheit und die eigene Schönheit besser kennen zu lernen.

Ich erkenne dabei, wie aus jeder Lebenserfahrung mit der Zeit etwas Wunderbares wurde, wie auch aus den dunklen Stunden wunderbare Geschöpfe in mir entstanden sind, die zur eigenen Kraftbildung da sind. Ich sehe den Rhythmus des Lebens, den Fluss der eigenen Geschichte und kann erkennen, dass jedes Leben seine Jahreszeiten hat.

Meine Seele erkennt, dass sie nie allein war, dass Kraft, Mut und Stolz ein Teil von ihr selbst sind und dass es an der Zeit ist, das Leben zu genießen!

Der Preis ist heiß (Sabine, Essenz)

Ich sehe mich in der Schönheit der Natur. Meine Gärten sind grün und saftig. Früchte tragende Bäume, singende Vögel, nährende Erde, heilendes Wasser.

Es umgeben mich der strahlende Himmel, die wärmende Sonne und eine zauberhafte Musik nährt meine Ohren. Ich bin gesund und kraftvoll. Meine Augen blitzen vor Freude und Lust.

Ich bin frei, mein Leben so zu gestalten, wie es mir gefällt. Wärme und Zuversicht erfüllen meine Seele.

Manchmal gehe ich Umwege und überlege, welcher Sinn dahintersteckt. Ich gebe und schenke und erhalte neues Glück zurück. Ich bin mir meiner Seelenfreunde bewusst und habe Vertrauen. Ich vertraue besonders meiner Intuition, bin authentisch und wahrheitsliebend.

Ich bin dankbar für meine inneren Schätze, Humor und Kreativität, sowie Gedanken in Worte zu fassen, Dinge zu verändern und zu verschönern. All dies erquickt und beglückt mich.

Ich bin stolz darauf, zu sehen, wenn meine „Samen“ aufgehen und Früchte tragen.

Ich bin bereit, auch durch tiefe Täler zu gehen, wohl wissend, danach wieder auf Berge steigen zu können.

Ich trage meine Schätze in mir und gebe gerne davon weiter. Ich ruhe in mir und bin zuversichtlich, immer eine Lösung zu finden.

Ich bin gut so, wie ich bin. Ich bin ich!

Mein Lebensweg aus der Vogelperspektive (Amei)

Ich komme als klare, mutige und leidenschaftliche Seele auf den Planeten Erde. Ich lande hier an und lebe mit anderen Menschen, der Kultur und der Natur. Ich genieße in meinem Umfeld die weltoffene Atmosphäre und lerne eine Menge durch stetiges Beobachten. Dazu brauche ich gelegentlich Rückzugsräume, Zeit für mich und den Austausch mit anderen Menschen darüber. Es kommt der Moment, in dem ich mich einer unbekannten Situation, die ich als Bedrohung empfinde, stellen muss. Es ist eine große Herausforderung für mich, in der ich mich in der Rolle der Kriegerin wiederfinde. Ich bin gezwungen, meine Eigenschaften gut beobachten zu können und daraus einen Schlachtplan zu entwickeln und in die Tat umzusetzen. Das bedeutet für mich viel Disziplin und erweist sich als eine sehr große Anstrengung, die viel Energie benötigt.

Ich kommuniziere meine Ideen und lerne damit umzugehen, dass sie kein Gehör finden. Die Niederlagen muss ich akzeptieren, obwohl ich in mir drin die Sicherheit verspüre, dass der anvisierte Weg zu dem gewünschten Ziel führen wird. Diese Intuition verhilft mir dazu, den Kopf nicht in den Sand zu stecken, sondern weiter ausdauernd daran zu arbeiten, meine Ideen zu verfolgen und umzusetzen.

Ich werde eine Machtposition einnehmen müssen, um von dort aus eindeutig, laut und unmissverständlich Position zu beziehen. Die Eigenschaften meiner Seele – klar, mutig und leidenschaftlich – werden mir hierbei hilfreich sein. Die Schwäche des Gegners werde ich auf friedliche Weise ausnutzen, sodass niemand zu Schaden kommt.

Unterstützt durch magische Kräfte und Energie, werde ich den Gegner zu seinem Ursprung (in seine Schranken/Grenzen) verweisen. Durch die erfolgreiche Erfüllung der mir gestellten Aufgabe werde ich mit meinem Umfeld Frieden finden.

Es erwächst eine neue Form von Beziehung zueinander, die zu einer engeren Verbindung führt. Diese ist das Fundament für die Offenheit gegenüber neuen Aufgaben, die mit Frohsinn, Verbindlichkeit und Lebensfreude angepackt werden können.

Seelengeschichte (Anja)

Ich bin eine Seele, welche behütet und geführt hier im Erdenleben ihre Aufgabe findet und erfüllt.

Als ich auf die Erde kam, wollte ich die Liebe und das Licht kennenlernen. Deshalb wurden mir schon zu Beginn meiner Lebensjahre die Geschenke – als tiefe Täler getarnt – überreicht. Durch die großen Herausforderungen und schweren Wege, welche ich in meinen frühen Jahren ging, lernte ich, die Liebe zu erkennen. Selbst wenn ich von außen nur sehr wenig Liebe erfuhr, trug ich sie schon da tief in meinem Herzen.

Durch meine Erfahrungen habe ich meine große Stärke gefunden.

Ich lernte schon früh, dass es verschiedene Ebenen des großen Ganzen gibt und dass es möglich ist, mit sehr wenig Liebe von außen, doch so viel Führung und Geborgenheit zu erhalten.

Es kann keine Abwesenheit von Liebe geben, weil ich selbst Liebe bin!

Später lernte ich immer mehr dazu. Ich kann kämpfen. Ich kann Hilfe finden und annehmen. Ich kann die Verantwortung für mich allein tragen.

Ich bin stark und lebe bedingungslose Liebe.

Als Seele kann ich niemals beschädigt werden. Ich bin heil und gesund, lebe in meiner Kraft.

Meine Kraft habe ich mir selbst liebevoll großgezogen, und jetzt, mit ihrer unendlichen Größe, habe ich immer ein gutes Werkzeug und ein tiefes Wissen in mir. Ich lasse Menschen, anderen Seelen ihren Weg und erhalte dadurch wiederum noch mehr Liebe.

Zuerst war die Liebe als solche in mir, das Wissen um sie. Jetzt setze ich sie um und gebe sie weiter.

Ich setze die Liebe um, indem ich mich selbst liebend annehme und indem ich mich in allen Bereichen weiterentwickle.

Ich setze die Liebe um, indem ich meinen Kindern, meinem Partner und allen Menschen um mich herum liebevoll und offen begegne.

Ich setze die Liebe um, indem ich bei der Arbeit mit offenem Herzen die unterschiedlichsten Menschen auf ihren verschiedenen Wegen annehme und schätze.

Ich setze die Liebe um, indem ich mein Wissen weitergebe und zur Heilung anderer Seelen beitrage.

Ich weiß, dass alles eins ist, ich ein Teil vom Göttlichen bin und doch auch das Göttliche an sich bin.

ICH BIN!

Der Zauberwald: die Parabel meines Lebens (Inga)

Ich bin eine mutige Seele, die sich auf den Weg begibt, um verwunschene Gebiete zu befreien und zu erlösen. Ich folge dem Ruf meines Herzens, bestehe viele Prüfungen, überwinde zahlreiche Hindernisse und kämpfe mit wilden unsichtbaren Drachen, die andere in ihrem Leben niemals zu Gesicht bekommen.

Selbst wenn ich völlig erschöpft bin, resigniere ich nicht, sondern gönne mir etwas Ruhe und sammle neue Kräfte. Dann erhebe ich mich wie Phönix aus der Asche, um neue Aufgaben zu erfüllen.

Entschlossen folge ich meiner Intuition, um den Sinn meines Lebens zu erfüllen. Ich erinnere mich an einen hell leuchtenden Stern: Den werde ich erreichen und zurück in meine wunderbare Sternenheimat reisen. Darauf freue ich mich schon jetzt.

Auf meiner Abenteuerreise auf der Erde erinnert mich meine Seele an wunderbare Zusammenhänge. Immer wieder stelle ich mich inneren Prüfungen und treffe auf Schatten- und Angstdämonen. Glücklicherweise weiß ich inzwischen, wie ich damit umgehen kann.

Oft werde ich mit wunderbaren Schätzen gesegnet und erhalte kostbares inneres Wissen und neue Kräfte. Die Natur ist meine große Lehrerin, und die zauberkundige Göttin offenbart mir mehr und mehr ihre Geheimnisse. Mein Mut hilft mir immer wieder, mich in verwunschene Gebiete zu wagen und sie zu erforschen. Von meinen magischen Reisen bringe ich wunderbare Schätze und Zauberworte mit.

Schon lange bin ich nicht mehr die unerfahrene Prinzessin, die ich einmal war. Jetzt trage ich eine Krone, die aus bunten Blumen und Weisheit geflochten ist. Außerdem besitze ich einen wunderschönen Großmutterlehnstuhl. Nach Jahren der Arbeit, des Lernens und Herumziehens meldet sich ein neuer, ruhigerer Rhythmus. Statt unerschöpflicher Power zeigen sich jetzt mehr meine Zartheit und Kreativität.

Doch mein Herz ist angefüllt mit Liebe. Ich werde geliebt und verschenke meine Liebe großzügig an alle, die vorbeischauen.

Als Königin übernehme ich die volle Verantwortung für mein Reich. Ich mache meinen Einfluss geltend und regiere das Land meines Lebens liebevoll, vorausschauend und weise.

Ich bin, die, die ich bin! Ich bin die, die ich immer war! Ich bin die, die ich sein werde!

Gefangen im Nebelgebirge (Sabine H., 3. Fassung)

Ich bin ein magisches Wesen mit einem schillernden Sternenkleid aus dem namenlosen Raum, in dem alles ruht.

Mit dem Licht, das zu bringen ich gekommen bin, erleuchte und durchstrahle ich die Seelen und Herzen aller Lebewesen.

Durch meine einmaligen und kostbaren Fähigkeiten heile ich alles, mit dem ich in Beziehung trete.

Als wissende Zauberin und kraftvolle Lehrerin suche ich als „Kriegerin der Freiheit und der Weisheit" mit heldenhafter Ausdauer mögliche Wege und verschlungene Pfade.

Mit meinem großen, liebevollen und warmen Herzen säe ich Wunschsamen in die Herzen der Menschen, Tiere und Pflanzen.

Ich habe die Fähigkeit, mich und meinen Raum vor schädlichen Einflüssen zu schützen, und tue dies auch.

Durch meine Naturverbundenheit, meine Liebe zu Bäumen, sprudelnden Bächen und allem, was wächst und gedeiht, finde ich Halt in mir selbst.

Als Ahnenhüterin ehre ich das Wissen und Leben, die Geschichte meiner Ahnen und ermutige andere, dies auch zu tun. Über meine Ahninnen habe ich gelernt, meinen Platz als Heilerin und Hüterin des Lebens einzunehmen.

Ich bins ... (Udo)

Die Dinge, die damals aufgetreten sind, schreibe ich nun nicht mehr auf. Das würde den Rahmen sprengen (Scheidung der Eltern, Tod des Bruder, Vaters, Stieffamilie usw.). Es geht ja darum, wie ich meine, die Krisen bewältigt zu haben. Da ich da irgendwie positiv rausgekommen bin, beweist ja, dass ich wohl richtig gehandelt habe. Zumindest aus meiner damaligen Sicht.

Große Hilfen habe ich dabei zwar von den engsten Familienangehörigen angeboten bekommen, jedoch eigentlich nie angenommen – sondern oft sogar abgelehnt. Wie habe ich es nun geschafft?

Eigentlich immer so, dass ich mich von allen zurückgezogen habe. Habe mir meine kleine Welt geschaffen, wo ich mich dann irgendwie wohlgefühlt habe. Ich hatte ja immer mein kleines Zimmer, welches ich mir schon früh nach meinem Geschmack eingerichtet habe. So mit Bücherregal, Kassettenrekorder und Plattenspieler (später Musikanlage) usw. Habe sehr viel gelesen und viel Musik gehört, um mich von meinem Schmerz abzulenken, und bin in eine Fantasiewelt versunken. Wo ich in die Rolle des Bücherhelden gestiegen bin bzw. mit der Musik mir meine eigenen Heldengeschichten ausgedacht habe. Das hatte dann nie konkret etwas mit dem jeweiligen Leid zu tun. Dieses habe ich auf diese Art und Weise komplett ausgeblendet.

Auch wollte ich nicht mit anderen darüber sprechen, da ich nichts davon hören wollte, da ich nicht wollte, dass durch die Gespräche/Erinnerung der Schmerz wieder hochkommt. Denn es reichte mir, wenn dann doch oft die Erinnerung hochkam und ich oft nicht in der Lage war, mich davon abzulenken. Je mehr Fälle in meinem Leben aufgetreten sind und je mehr Erwachsene versuchten, Einfluss auf mich zu nehmen (oft mit aus heutiger Sicht unfairen Mitteln) und ich dadurch auch hoch enttäuscht worden bin, desto schneller und effektiver habe ich mich dann auch komplett von diesen Menschen distanziert. Das hat funktioniert, und ich habe mich zwar nicht wohl gefühlt dabei, doch es führte für mich zu einem Erfolg.

Ich konnte schnell abschütteln und ‚meinen eigenen Weg' beschreiten. Das hat mir bis heute eigentlich die Sicherheit gegeben, da ich einen guten Weg gegangen bin. Aus heutiger Sicht wäre es wohl manchmal besser gewesen, ich hätte die Hilfe anderer mal angenommen, doch ich bin tatsächlich nicht sicher, ob ich mich dadurch anders entwickelt hätte. Oft denke ich: eher nicht. Und es ist ja gut so, wie es ist, denn ich würde an den Dingen, die ich für mich (allein) entschieden habe, nichts rückgängig machen wollen.

Auch wenn nicht alles glatt lief, ist aus jeder Situation immer etwas Positives übrig geblieben, was ich nicht missen möchte. Leider ist durch mein abruptes Verhalten, Dinge von heute auf morgen zu brechen, das Zwischenmenschliche auf der Strecke geblieben.

Es wirkt dadurch oft kalt auf die anderen, da ich natürlich nicht viel darüber gesprochen und letztendlich aus der gegebenen (für mich schlechten) Situation die Konsequenzen gezogen habe, für mich natürlich vorher intensiv durchdacht, jedoch andere Meinungen erst gar nicht mit einbezogen habe, um vielleicht nicht wieder enttäuscht zu werden, wenn ich mich auf andere einlassen würde.

Auf meinem Lebensweg habe ich dann mehr und mehr Verantwortung übernommen und mich dann für die Dinge auch intensiv engagiert wie im Job, im Sport und letztendlich auch bei der Gründung der Familie.

Nur leider in allen drei Fällen nach vielen, vielen Jahren Enthusiasmus dann auch gescheitert. Aber auch da sehe ich dies nüchtern, auch hier gab es tolle Erfahrungen, die ich nicht missen will, und ich kann für mich akzeptieren, dass auch diese Dinge mal ein Ende haben.

Die positiven Werte/Dinge überwiegen in der Nachbetrachtung, und die Fehler, die ich gemacht habe, kenne ich und schiebe sie keinem anderen zu. Der größte Fehler war wahrscheinlich, dass ich zu viele Dinge extrem gemacht habe. So wie oft, ohne groß auf andere zu hören und Hilfen anzunehmen. Das lief viele, viele Jahre auch sehr gut.

Jedoch sind die Energievorräte irgendwann einmal aufgebraucht, und dann stehe ich allein da, weil ich vorher ja auch alles allein getan/entschieden habe. Treffend ausgedrückt, Teamplayer war ich nicht – eher Einzelkämpfer, der im Team das Beste/Optimale erreichen wollte.

Den Sport habe ich gut abgehakt, die Entwicklung der Kinder habe ich sehr gut begleitet und gefördert (sehr gut mit meinen Möglichkeiten aus der Ferne und mit allen Umständen). Sie sind auf jeden Fall alle auf einem guten Weg, wo ich auch immer daran geglaubt habe!

Der nächste Fall, wo ich auch richtig dran zu knabbern habe, ist nun der Job nach 31 Jahren. Die erste Krise, den tiefen Fall im April, habe ich für mich überwunden. Ich hoffe, dass es mir auch hier gelingt, alles gut abzuschließen. Zumindest versuche ich es wie immer. Und es fällt sehr schwer.

Das nun gewisse Ungewisse (Gesa, 3. Märchen)

Ich bin eine tapfere, edle Seele auf dem Weg zu der Aufgabe der Erkenntnis und mich dem Ungewissen zu stellen. Ich bin nach dem langen Weg von 17 Tagen etwas erschöpft.

Doch tanke ich neue Kraft durch die Ruhe und Friedlichkeit des Sees und das Licht der Sterne und des Mondes, die am Himmel stehen. Durch den Schlaf bekomme ich ebenfalls neue Kraft, bis mich eindeutige Töne aus den Träumen holen.

Ich denke nicht lange nach, sondern folge den verängstigten Geräuschen in den See. Ich tauche, tauche, tauche immer weiter in das Dunkel, bis ich die Ursache des Geräusches sehe. Es ist das eingeklemmte Seeungeheuer. Seine Flügel stehen für die Verbindung von Wasser und Luft und sind unter schweren, kalten Steinen eingeklemmt.

Da ich mir meines Körpers, meiner Kraft und meines Selbst sehr bewusst bin, stemme ich mich gegen den Stein. Ich gehe bis an die Grenzen meiner Kraft und schaffe es schlussendlich, meine Aufgabe zu erfüllen.

Denn bei meiner Unternehmung habe ich mich selbst verletzt. Die jetzigen Geräusche sind nicht angsterfüllt, sondern friedlich und fröhlich. Die Ursache ist nun nicht mehr ein Ungeheuer, sondern ein Freund, der versucht, mir zu helfen. Diese Hilfe drückt sich erneut durch Töne aus.

Töne sind eine große Macht.

Wenig später naht Hilfe: Eine andere Seele befreit mich aus meiner Lage, mit Fähigkeiten, die ich selbst nicht besitze. Wir tauchen auf und lassen das nun gewisse Ungewisse hinter uns.

Alles ist gut (Elke, 3. Geschichte)

Eine junge Drachenfrau folgt der Sehnsucht ihres Herzens und begibt sich auf die Suche nach einem wunderschönen Ort mit ehrlichen und liebevollen Menschen, an dem sie sich wohlfühlen kann. Diese Reise ist sehr lang, denn sie muss vieles lernen und über vieles nachdenken. Zuerst merkt sie, dass ihr Mut und Selbstsicherheit fehlen. Das muss sich ändern!

Sie bekommt schon mit 17 Jahren ein Kind. Sie will es haben und lieben und sich und der ganzen Welt beweisen, dass sie Verantwortung übernehmen kann. Es ist sehr mutig von ihr, sich gegen alle Widerstände zu wehren. Den Vater des Kindes will sie nicht heiraten. Sie weiß, dass es nicht richtig wäre. Ihr Vater bewundert sie für diese Entscheidung.

Und nun zeigt sie es der Welt. Sie hat einen wunderbaren Beruf, der ihr viel Freude bereitet, und auch genügend Geld für ihre Unabhängigkeit. Als die kleine Tochter auf die Welt kommt, ist so viel Liebe in ihr. Sie möchte diesem Kind diese Liebe geben, denn ihren Eltern kann sie ihre Gefühle nicht zeigen. Sie mietet für sich und die Kleine eine kuschelige Wohnung. Alles läuft gut.

Aber es fehlt etwas. Sie möchte auch geliebt werden. Sie versucht es mit zwei Männern. Jochen zeigt ihr das Leben und dass es so viel mehr gibt als das, was sie kennt. Es ist eine tolle Zeit und eine große Verliebtheit. In der Zwischenzeit hat sie den Führerschein gemacht und sich sogar ein Auto gekauft. Was für eine Freiheit, was für ein Glück! Und dieses Glück reicht ihr nicht. Sie will mehr. Sie denkt, sie hat Bärenkräfte. Sie trennt sich von Jochen und bemerkt ihren Fehler. Zu spät.

Es tut lange Zeit sehr weh, obwohl sie kurz danach ihren Mann Frank geheiratet hat. Kurz vor der Eheschließung will sie eigentlich diese Beziehung beenden, traut sich aber nicht, weil sie ihre Eltern nicht enttäuschen möchte. Sie zieht es also durch, und die erste Zeit mit Frank ist sehr unschön. Sie bekommen einen Sohn, den sie ebenfalls sehr liebt. Sie betreut andere Kinder, um etwas Geld dazuzuverdienen. Es ist eine wunderbare Zeit mit den Kleinen.

Auch ihre Großmutter ist fast jeden Tag bei ihr. Auch sie liebt Kinder über alles. Großmutter und Enkelin teilen sich die Aufgaben. Sie kochen zusammen, reden, lachen und manchmal streiten sie auch. Ihr Mann kümmert sich wenig um die Familie. Er lebt sein Leben und enttäuscht die Drachenfrau immer wieder. Aber sie lässt sich nicht unterkriegen. Sie ist eine gute Hausfrau und Köchin, und sie kann viel ertragen.

Ihre größte Sorge sind ihre Kinder. Sie kann nicht so zu ihnen sein, wie sie es eigentlich möchte. Ihre Traurigkeit, Enttäuschung und Wut müssen die beiden ertragen. Darüber ist sie so verzweifelt. Aber sie steht immer wieder auf und versucht, es immer wieder gutzumachen. Die Ehe wird mit den Jahren besser, auch wenn ihr Mann immer wieder versucht, sie kleinzumachen und kleinzuhalten. Immer, wenn sie neugierig ist und versucht, sich weiterzuentwickeln, von neuen Bekanntschaften zu lernen, wird sie von ihm zurückgehalten. Sie lernt es langsam, damit zurechtzukommen, und sucht sich neue Ventile.

Sie tanzt Flamenco, singt im Chor, erlebt dort großartige Auftritte mit Adrenalin pur. (Als junges Mädchen hat sie davon geträumt, als Sängerin entdeckt zu werden. Jeden Tag nach der Schule stellte sie sich vor den Spiegel und sang aus voller Brust.) Sie macht viel Sport, Handarbeiten und lernt Klavier spielen und vor allem Malen. Sie merkt, dass sie viele Begabungen hat.

Nun stellt sie endlich fest, dass sie nicht studiert haben muss, um geachtet und gemocht zu werden. Sie ist sehr kreativ, egal um was es geht. Sie kocht gern, möchte sich damit selbstständig machen. Aber auch das wird ihr von ihrem Ehemann ausgeredet.

Sie kaufen sich ein Haus auf Mallorca. Hier kommt ihr Einrichtungstalent voll zur Geltung. Alles ist so gemütlich und schön. Sie entwirft die Küche selbst, das Bett, den Garten, später bei dem Haus auf Sylt das Gleiche. Sie baut sich wieder ein kuscheliges Nest. Sie liest viel, gern auch Koch- und Gesundheitsbücher. Sie liebt die Musik, besucht Konzerte, geht in die Oper und ins Ballett. Auch viele Theater hat sie von innen gesehen.

Gern würde sie mehr reisen, die Welt entdecken. Dazu reicht meistens leider das Geld nicht. Einmal war sie auf Capri. Diese Reise wird sie nicht vergessen. Überall Zitronenbäume, ein wahnsinnig einfaches und köstliches Essen, das Meer, die kleinen Goggos. Und einmal war sie Ski fahren in Österreich mit fünf Frauen. Das war ein Abenteuer! Den ganzen Tag in Bewegung, tolle Natur und sie hat sich und den anderen bewiesen, dass sie ein Naturtalent ist. Trotz ihrer Höhenangst. Einmal war sie mit ihrem Mann und seinem Chef an der Elbe. Dieser hatte zwei Jetskis dabei. Das war damals ganz neu. Wow. Sie hat sich getraut, auf dieses Ding zu steigen, und dann ging es mit ihr durch. Es konnte gar nicht schnell genug sein! Allerdings stört sie heute diese Geräuschkulisse. Und der Chef besaß ein Cabrio. Die ganze Fahrt über sah sie in den Himmel. Das war überwältigend. So eines wollte sie auch haben.

Dass man Angst haben muss, wurde ihr früh von ihrem Elternhaus eingetrichtert. Und dass man niemandem trauen und das Glück allein in der Familie finden soll. Nur war sie nicht zu Hause bei ihren Eltern glücklich. Sie fühlte sich völlig unverstanden. Mit ihrem Vater hat sie sich lange vor seinem Tod ausgesöhnt. Er war stolz auf sie und was sie geschaffen hat. Ihre Mutter hat das nie über ihre Lippen gebracht. Noch heute wird sie von ihr kritisiert. Man soll die Eltern ehren, hat sie gelernt. Und solange sie ihre Füße unter deren Tisch hatte, musste sie den Mund halten. Nun ist Schluss damit! Sie lässt sich nicht mehr kleinmachen und andere, einschießlich ihrer Mutter können nun nicht mehr über sie bestimmen.

Irgendwann hat sie den Mut gefasst und all ihre Kraft zusammengenommen und sich von ihrem Mann befreit. Das tat lange Zeit weh. Sie mag anderen Menschen kein Leid mehr antun. Aber es musste sein, um sich selbst zu retten.

All das Geschehene hat sie lange genug leiden lassen, dass sogar ihr Körper davon betroffen war.

Sie hat sich nun ein neues Leben aufgebaut. Der Mann an ihrer Seite ist wundervoll. Sie hat viele Gäste im Haus, denen sie unvergessliche Stunden bereitet. An dem Leuchten der Augen sieht sie diese Zufriedenheit und Dankbarkeit. Darüber ist sie sehr froh und glücklich. Seine Kinder und die vielen Umstände haben sie nach langer Zeit des Kampfes wieder erkennen lassen, dass sie viel mehr auf sich selbst aufpassen muss. Dort, wo sie jetzt lebt, ist sie nicht glücklich. Aber die Erfahrung war besonders wichtig für sie. Nun weiß sie, wo ihre Reise hingehen soll. Durch ihre eigene Intuition, Erfahrungen, Nächstenliebe, Achtsamkeit, Vergebung, Selbstliebe und eine gewisse Leichtigkeit, die lange Zeit und all das Lesen und Zuhören hat sie gelernt, sich selbst zu heilen. Nun will sie auch andere daran teilhaben lassen.

Sie ist eine mutige und starke Drachenfrau, die viel gelernt hat in ihrem Leben. Sie ist sehr harmoniebedürftig, romantisch, liebt es, zu lieben, liebt ihre Kinder und Enkelkinder, ihren Mann, ihren Bruder, all die Menschen, die an ihrer Seite sind, und sie liebt das Leben. Sie liebt Humor, leckeres Essen, guten Wein. Sie ist neugierig, kann nicht genug kriegen. Sie ist gesundheitsbewusst und liebt die Natur und ihren Garten. Sie hasst Krieg und Boshaftigkeiten, Geldgier, Lügen und Oberflächlichkeiten.

Sie braucht ehrliche und liebevolle Menschen um sich. Zu lange hat sie sich eingeigelt und mit wenig zufrieden gegeben. Sie hat an sich gezweifelt und befürchtet, dass sie nicht gut genug für diese Welt sei, dass niemand sie versteht und ihre Anliegen missversteht. Aber sie hat nun verstanden, dass Zurückziehen und Warten gar nichts bringt.

Nun will sie hinaus und sich mutig und neugierig und voller Liebe dem Leben stellen, das so wunderbar ist. Nun ist es an der Zeit, andere Menschen ihre Erfahrungen und Freude am Leben weiterzugeben. Sie hat die Natur beobachtet und festgestellt, dass vieles, was man zum Leben braucht, in ihr zu finden ist.

Sie will gut auf die Erde aufpassen, damit sie ihren Kindern, Enkelkindern und allen Besuchern davon geben und erzählen kann. Dazu braucht sie ein heimeliges Zuhause mit einem entsprechenden Garten. Sie will die Menschen zu sich holen und kann ihnen so viel geben.

Um wirklich glücklich zu sein, ist ihr das Zuhause ganz besonders wichtig. Wasser muss in der Nähe sein und Wald. Sie ist es leid, wie die Menschen mit der Natur, den Tieren und sich selbst umgehen. Nun möchte sie etwas dazu beitragen, das alles wieder zu schätzen! Dann können nämlich alle zusammen auf die Wiese gehen, Kräuter sammeln und einen leckeren Smoothie herstellen.

Sie ist ein guter Drache, meint es ehrlich mit allen. Und doch kann sie Feuer spucken, wenn man sie nicht achtet, ihr wehtut oder Böses will. Für ihre Träume wird sie kämpfen wie eine Kriegerin.

2. Rückkehr zur Menschlichkeit

Unsere Beziehungen haben sich durch die sozialen Medien stark verändert. Positiv daran ist die Möglichkeit, dass derjenige, der eine starke Botschaft hat, sie rasend schnell verbreiten und leicht ganze Bewegungen lostreten kann. Außerdem beginnen viele Liebesbeziehungen im Netz. Doch im Allgemeinen verbringen wir weniger Zeit miteinander und sitzen stattdessen häufig vor Bildschirmen. Wer Freunde oder einen Partner über das Netz sucht, fühlt sich fast wie im Kaufhaus. Hier sind Menschen die Waren, die bewertet, beurteilt und (aus-)sortiert werden. Hinter dem Bildschirm fühlen sich die Nutzer wie hinter einem Schild: sicher und frei. Sie sitzen dem anderen ja nicht real gegenüber. Und haben daher keine Scheu, ihre Gefühle auszuleben, und doch ist alles unverbindlich und leicht ersetzbar.

Die Eigenschaft, zu bewerten und Urteile zu fällen, erzeugt Getrenntheit und führt dazu, dass wir uns allein fühlen. Wenn du über jemanden urteilst, fühlst du dich entweder besser als der andere oder du fühlst dich ihm unterlegen. Beides trennt dich von der wahren Natur der Liebe und dem Einssein. Du tust dir und dem anderen weh, indem du das nach außen projizierst, was du innerlich nicht fühlen willst. So gehst du deinen Verletzungen, aber auch der Liebe aus dem Weg.

Wenn du den Sprung vom Urteil in den freien Fluss der Liebe wagst, ist das der Schlüssel zu einer gesunden Beziehung.

Zu uns kam einmal ein Fliesenleger: breit wie ein Schrank, stark wie ein Bär. An den Armen, Beinen, am Nacken und im Gesicht war er tätowiert. Meine Mutter hätte gesagt: „Dem möchte man nicht im Dunklen begegnen!" Er vermied jeden Blickkontakt, schaute auf den Boden und machte sich gleich an die Arbeit. Als ich ihm Kaffee und Kekse brachte, freute er sich, sah hoch, und ich begann ein Gespräch mit ihm. Er erzählte, dass er früher zur See gefahren ist und dass seine Körperbemalung aus seiner wilden Zeit stammt. Er gäbe alles darum, sie wieder loszuwerden. Ganz besonders im Gesicht! Er fühlt sich als Außenseiter und ist froh, dass seine Frau noch zu ihm hält.

Ich konnte ihn verstehen und mit ihm fühlen! Und ich fand ihn plötzlich sympathisch. Denn ich sah durch seine Tattoos hindurch auf einen sensiblen, netten Mann, der in jungen Jahren unbedacht gehandelt hat und darunter leidet, dass er seine Jugendsünden vor der Welt nicht verbergen kann.

Eine gesunde Beziehung gelingt, wenn du deinem Gegenüber neugierig begegnest, indem du einfache, offene und ehrliche Fragen stellst. Im Laufe des Gesprächs kommst du gar nicht dazu, Urteile zu fällen. Denn dein Gesprächspartner wird dir genauso offen und ehrlich begegnen. Ganz natürlich entwickelst du Empathie und Einfühlungsvermögen. Es ist so, als ob du in das Boot des anderen springst und ein kleines Stück mit ihm ruderst. Ihr bewegt euch im gleichen Rhythmus und seid für kurze Zeit ein Team. Plötzlich verstehst du sein Denken und Handeln. Und du fühlst, was er fühlt. Du kannst ihn als Menschen wertschätzen und achten. Das spürt er und reagiert positiv auf dich. So löst sich das Urteilen und Bewerten in Liebe auf. Immer wenn du Mitgefühl zeigst, fühlst du dich automatisch mehr im Einklang mit allem, und das Urteilen und Bewerten verschwindet von selbst. Damit der Kontakt aufrichtig bleibt, ist es wichtig, sich gegenseitig seine Verletzlichkeit zuzugestehen. Sie kann erschreckend sein, doch wer eine Beziehung möchte, muss sich diesem Risiko aussetzen.

Sobald wir liebevoll und verständnisvoll miteinander umgehen, wächst das Mitgefühl, und dies stärkt die Beziehung. Beziehung bedeutet gegenseitige Fürsorge. Wir alle möchten geliebt, anerkannt und wertgeschätzt werden. Und natürlich dazugehören!

Marianne Williamson: Worte der Liebe

Die Liebe ist das, womit wir geboren sind. Die Angst ist das, was wir hier auf der Erde gelernt haben. Die spirituelle Reise bedeutet das Aufgeben und Verlernen der Angst und das Wiederannehmen der Liebe in unserem Herzen. Liebe ist eine essenzielle, existenzielle Tatsache. Sie ist unsere tiefste Wirklichkeit und unser Sinn auf Erden. Sich ihrer bewusst gewahr zu sein, sie in uns selbst und anderen zu erfahren, ist die Bedeutung des Lebens.

Die Liebe ist das intuitive Wissen unseres Herzens. Sie ist die Welt, nach der wir uns insgeheim alle sehnen. Liebe ist nicht materiell. Sie ist Energie. Sie hat nichts mit der physischen Welt zu tun, kann aber dennoch in ihr zum Ausdruck gebracht werden. Wir erfahren sie als Güte, Geben, Barmherzigkeit, Mitgefühl, Friede, Freude, Annehmen, Nichtverurteilung, Verbundenheit und Intimität.

Zeige dich, damit wir wissen, dass du da bist!

Das Blatt wendet sich gerade. Nach dem Sommer, wenn die Zeit des Regens und der Herbststürme beginnt, wenden sich die Blätter an den Bäumen, damit der Regen leichter abfließt. Auch für die Menschheit wendet sich gerade das Blatt. Da der moralische Kompass fehlt, gibt es nur minimale Sozialkompetenz in der Wirtschaft und Politik. Es geht hauptsächlich um das Einfangen von Aufmerksamkeit und Selbstdarstellung. So haben Ehrgeiz und Skrupellosigkeit einen Virus in die Welt gesetzt, der ständig wächst, sich vervielfältigt und von sich selbst profitiert. Weshalb das geschehen konnte? Es gibt kein Weshalb. Nur ein Deshalb! Es wird getan, einfach, weil es möglich ist.

Und genau darum brauchen wir starke Menschen, die sich zeigen und bereit sind, Verantwortung zu übernehmen. Mit ihren besonderen Fähigkeiten können sie es schaffen, dass die Zerstörung unserer Welt an uns vorübergeht. Kriegstreibern, Angstmachern, Zukunftsdieben und den gierigen Monstern der Marktmacht müssen wir mutig entgegentreten. Deshalb müssen sich Querdenker, Provokateure, Schatzfinder, Experten und Kreative zeigen und aufstehen. Es ist die Zeit der Rückkehr der weisen Frauen und der Hüter unserer Erde.

Wir müssen auch wieder wie die Kinder spielen. Denn wir brauchen Spieler, die nicht nur auf Reize reagieren, sondern kreativ, freiwillig und unvorhersehbar agieren. Ein Spieler begründet nicht, er handelt einfach. Das Innere Kind spielt, die Energie kann fließen und die Augen leuchten. Jeder, der Kinder hat, weiß, wie lebendig sie sind. Meine Tochter Nina bekam zu Weihnachten eine

Spielküche und hatte ganz andere Werte als wir. Sie hat die Küche nicht eines Blickes gewürdigt – auch später nicht. Ihr wunderbares Geschenk war der Karton, in dem die Küche verpackt war. Sie schleppte Decken, Kissen und Kuscheltiere in ihr neues Haus und war wunschlos glücklich.

Im Spiel trauen wir uns, groß und individuell zu denken. Die Erfahrung lehrt: Auf Vernunft kommt es meistens nicht so sehr an, wie wir glauben. Denn die Vernunft plant sich weg von der Wirklichkeit und trifft die vernünftigste und mutloseste Entscheidung. Das Innere Kind will einfach und gewinnt völlig ungeplant. Es weiß: Es geht immer irgendwas!

Eines Nachts wachten wir von lautem Gepolter auf. Dann ein unüberhörbares „scheiße". Wir waren alle hellwach und stürzten in Sebastians Zimmer. Direkt neben dem Kopfende von seinem Bett war das Regal mit seinem Aquarium zusammengebrochen. Im Bett und auf dem Teppichboden schwammen Unmengen von Babyfischen. Sebastian war in großer Sorge, dass sie sterben könnten. Was konnten wir tun? Schnell versicherte ich mich, dass Sebastian ok war. Dann holten wir alle Gefäße, die wir finden konnten: Schüssel, Kochtöpfe und Vasen. Kurze Zeit später kniete die ganze Familie am Rand der Riesenpfütze und rettete mit Suppenlöffeln alle Fische. Wie gesagt: Irgendwas geht immer, und diese Sicherheit muss unser Kind und unser Inneres Kind wiederbekommen: das Vertrauen, dass eine Lösung möglich ist.

Wer aus der Masse hervortritt und Neues wagt, wird zum Vorbild. Das konnte ich gut beobachten, als wir in Italien Urlaub machten. Meine Jungs (zwölf und 14 Jahre alt) suchten sich den höchsten Felsen aus und sprangen von dort in den Fluss. Hätten sie gefragt, hätte ich es niemals erlaubt, und das wussten sie. Als ich es sah, blieb mir fast das Herz stehen. Denn niemand hatte sich das vorher getraut. Die Felsen waren sicher neun Meter hoch. Man konnte das klare Flusswasser sehen, aber es gab auch spitze Steine dort. Ich konnte sie nicht davon abhalten! Sie hatten enormen Spaß, und nach einigen Tagen waren sie eine ganze Truppe, die mit Gejuchze und großem Hallo ihre Mutproben machte.

Im Beruf und Alltag weiß ein guter Leader, der als Vorbild dienen will, dass Erfolge nur im Team zu erzielen sind. Er muss Interesse an den Menschen haben, die ihm anvertraut sind, und das menschliche Bedürfnis nach Sicherheit und Zugehörigkeit an den Anfang seiner Überlegungen stellen. Er braucht Empathie für jeden Einzelnen. Das ist nicht anderes als in einer Familie. Der eine braucht starke und klare Ansagen, der andere braucht eher die „lange Leine" und möchte individueller agieren. Für den einen muss man Freiräume schaffen und durch Lob das Beste aus ihm herauslocken. Der andere braucht konstruktive Kritik und Rückmeldung, weil er sich ständig verbessern will. Empathische Leader, denen es gelingt, ihrem Team Sicherheit zu vermitteln, werden mit Loyalität und Engagement belohnt.

Wir alle können andere Menschen durch Lob, Wertschätzung und Rückmeldung in ihren Stärken unterstützen. Jeder kann die Führungskraft sein, die wir uns immer gewünscht haben, indem wir für andere da sind und das vor leben, was uns am wichtigsten ist.

Jeder von uns hat besondere Gaben als Geschenke an das Leben. Sie sind so einzigartig wie ein jeder von uns. Mein Sohn Frederik hatte eines Tages Mitleid mit den Aquarienfischen und wollte, dass sie auch mal was Leckeres bekommen. Er fütterte sie mit Schokolade und Keksen. Das war sehr lieb gemeint, traf bei unserem Biologen aber auf wenig Gegenliebe. Im Allgemeinen können wir aber sicher sein, dass es gut und genug ist, was jeder zu geben hat. Indigene Menschen nennen die Talente, die jeder in sich trägt, unsere persönliche Medizin. Denn unsere Gaben sind Medizin für die eigene Person. Wenn wir sie nutzen, machen sie uns stark. Gleichzeitig stärken wir mit ihrer Hilfe unsere Familie und Gesellschaft. So hat Selbsterkenntnis nicht nur einen Wert für uns selbst, sondern auch einen gesellschaftlichen Wert. Denn wer seine Berufung lebt, leistet einen wertvollen Beitrag.

Ich bin davon überzeugt, dass Menschen, die sich weiterbilden, lernen, immer öfter zu sich zu stehen. Sie erkennen sich und viele ihrer Facetten. Sie lernen, ihre Stärken anzunehmen und zu nutzen, denn sie kennen, spüren und strahlen ihre

Stärken auf selbstverständliche Weise aus. Irgendwann zeigen sie sich und lernen das Gefühl kennen, das Leben, das sie leben, zu mögen und aktiv zu gestalten. Sie sind vom Leben begeistert und haben Lust auf neue Herausforderungen. Sie können kreativ denken und das Unbekannte angehen. Diese Menschen träumen den unmöglichen Traum und lösen das Unmögliche. Sie sind es, die sich für eine gerechtere, konfliktfreiere, friedlichere und liebevollere Welt einsetzen. Sie erheben ihre Stimme und bringen ihre Botschaft an alle, die sie hören wollen, und bereichern mit ihrem Engagement das Leben aller.

Niemand muss alles können. Aber jeder kann mutig vorangehen, Dinge ausprobieren, Fehler machen und aufzeigen, wie man an ihnen wächst. Nobody´s perfekt! Und erfahrungsgemäß braucht jeder mindestens einen anderen Menschen, der an ihn glaubt. Die Eltern, einen Lehrer oder die Oma. Manchmal glauben sie sogar mehr an dich als du selbst. Und natürlich willst du sie nicht enttäuschen. Das motiviert enorm und macht dich stolz. So entdeckst du dein Geschenk. Du kannst sicher sein: Es ist groß genug.

Mit seiner individuellen Mischung aus Talenten, Fähigkeiten und Stärken kann jeder Mensch seine Schwächen und Defizite ausgleichen. Auf seinem Lebensweg sind sie eine starke Medizin für ihn, weil er sich mit ihrer Hilfe selbst heilen kann. Frederik beobachtete unseren Nachbarn ganz genau. Er sah, wie er sein Auto polierte, wie er zur Arbeit fuhr und mit seiner Frau spazieren ging. Einmal, als er wieder sein Auto putzte, ging Frederik zu ihm und fragte: „Hast du Leanna genauso lieb wie dein Auto?" Frederik hatte den Nagel auf den Kopf getroffen. Denn kurze Zeit später trennte sich das Paar.

Selbsterkenntnis ist häufig ein steiniger und mühsamer Weg. Doch deine Herausforderungen und dein Schicksal können anderen als Beispiel dafür dienen, auch über sich hinauszuwachsen. Du wirst zum Vorbild, vielleicht sogar zum Helden. Denn wer sein Wissen und Können der Allgemeinheit zur Verfügung stellt, hat „gute Medizin" für seine Gemeinschaft. Aus einer Position der Stärke und Klarheit heraus nimmst du nun aktiv an der Gestaltung der Welt teil.

Bringe deinen Lebenstraum auf die Erde

Die Abschaffung der Sklaverei, das Frauenwahlrecht, die Gesetze zur Rassentrennung und zur gleichgeschlechtlichen Ehe: All das wurde einmal für naiv gehalten und stark bekämpft. Aber wann wären Männer auf die Idee gekommen, Frauen das Wahlrecht einzuräumen? Männer haben in der Militärwelt das Sagen und tragen den Koffer, um den roten Knopf zu drücken. Sie entscheiden über Chemie- und Atomwaffen, über Leben und Tod. Frauen engagieren sich eher in der Friedensbewegung.

Oh, es wird gefährlich für die alte Ordnung! Denn gefährlich sind die Menschen, die in sich ruhen und für neue Werte kämpfen. Schon immer wurde jede revolutionäre Bewegung von unten ausgelöst und nicht von denen, die an der Macht sind. Das sind in unserer Welt meistens Männer. Frauen stellen die andere Hälfte der Bevölkerung: Wir sind alle Mütter, Schwestern, Tanten, Geliebte, Ehefrauen, Großmütter der großen Jungs, die mit dem Feuer spielen.

Darum sollten wir aufhören, nur nett zu sein! Nett sein ist schön: Es schafft eine gute Atmosphäre zwischen den Menschen. **Doch jetzt braucht es neben nett sein auch den Mut von Löwen, um Dinge zu verändern.** Nette sind hilfsbereit und engagiert. Doch zu oft setzen sie keine Grenzen. Es fällt ihnen schwer, hart zu sein, wenn es darauf ankommt. Viele lassen sich ausnutzen und brennen dann innerlich aus. Sie geben viel mehr, als sie zurückbekommen, weil sie das Prinzip von Geben und Nehmen ignorieren. **Wir sollten unbedingt höflich und respektvoll miteinander umgehen. Jedoch ändern wir nichts, solange wir nur nett und bequem für andere sind.** Wir müssen klar und streng sein, nicht nur hilfsbereit! Leistung einfordern, kritisch rückmelden und nicht nur Ja sagen.

Ich habe eine heftige Konjunktiv-Allergie entwickelt: Könnte, würde, hätte, sollte, wäre vielleicht, möglicherweise … Alles bleibt butterweich und unverbindlich. Ist es ein Jein? Oder doch eher ein Nja? Damit kann niemand etwas anfangen. Besser mit Klarheit, Aufrichtigkeit und Mut einen Standpunkt vertreten. Immer mit dem Risiko, sich zu irren. Aber auch mit der Chance, etwas zu erreichen! So sorgst du für deine Selbstachtung und deinen Selbstrespekt.

Es reichen am Anfang wenige Menschen, um die Welt zu verändern. Es braucht nicht alle, es reichen schon einige. Denn es sind immer wenige gewesen, die Veränderungen ins Leben aller bringen.

Nun sind wir an der Reihe. Es ist unser Leben. Wir übernehmen die Verantwortung für unser Leben. Unsere überzeugenden Zukunftsvisionen gehören zu den größten Geschenken, die wir uns selbst machen können.

Horizonte erweitern

Wir alle sind sowohl Geschöpfe als auch Schöpfer, und wenn wir das erschaffen, was uns bestimmt ist, haben wir die Energie, die wir für ein glückliches Leben benötigen. Die Welt wartet darauf, dass du kreativ wirst und den Reichtum ausdrückst, der in dir ruht. Wenn du schöpferisch bist, bist du glücklich und behandelst andere gut. Gerade jetzt braucht die Welt deine einzigartige Intelligenz und Betrachtungsweise auf deinem Gebiet. Egal, ob du Bäuerin, Mutter, Makler oder Arzt bist: Du kannst lernen, deine schöpferischen Impulse auf heilsame und fördernde Weise einzusetzen. Das befriedigt dich und ist für die Welt ein großes Geschenk.

Du kannst Neues entdecken, wo es niemand vermutet.

Wenn du allein bist, hast du möglicherweise den Gedanken, mit den Menschen sprechen zu wollen, die bereits gestorben sind. Du hörst und siehst sie nicht mehr, aber eventuell spürst du sie und hast nicht das Gefühl, dass sie verschwunden sind. Auf Fotos sehen sie verblüffend lebendig aus, und manchmal spürst du vielleicht ihre Anwesenheit. Dann fragst du sie um Rat und sagst: Was meinst du zu diesem und jenem? Natürlich antworten sie nicht, aber das Fragen hilft dir, auf eine neue und frische Art über die Dinge nachzudenken.

Wenn wir einen beliebigen Gegenstand sehen, blendet unser Bewusstsein alle Eigenschaften aus, die für seine Verwendung irrelevant sind. Das erleichtert zwar unseren Alltag, gleichzeitig versperrt es aber den Weg zu neuen Lösungen.

Am Abend des 14. April 1912 kollidierte die Titanic im Nordatlantik mit einem Eisberg. Zwei Stunden und 40 Minuten später war sie gesunken. Von den 2200 Passagieren und Besatzungsmitgliedern überlebten 705, die mithilfe von 16 Rettungsbooten eines anderen Schiffes eingesammelt wurden. Stell dir vor, wie viel mehr Menschen überlebt hätten, wenn einer der 2200 Menschen an Bord den Eisberg nicht nur als Ursache der Katastrophe, sondern auch als Lösung gesehen hätte. Der Eisberg ragte auf einer Breite von mehr als 120 Metern aus dem Wasser und hätte eine Rettungsinsel sein können. Die Boote hätten den Eisberg nach einer ebenen Stelle absuchen können, um dort möglichst viele Menschen abzusetzen.

Genau dieses neue Denken aus ungewohnten Perspektiven brauchen wir jetzt. Darum meldet sich unsere Sehnsucht nach Fülle, Kreativität und Flügeln mit Macht. Wir suchen nach Sinn in unserem Leben, und unsere Sehnsucht entwickelt gerade einen unwiderstehlichen Sog. Kommt der Wunsch nach Veränderung nicht von innen, wächst der Druck von außen. Oft geschieht es erst, wenn es schon fast zu spät ist. **Darum müssen Einzelne vorangehen, die die Zeichen der Zeit erkennen. Ihre Aufgabe ist es, eine neue Kultur vorzuleben und neue Rahmenbedingungen zu schaffen, die den Menschen und seine Bedürfnisse in den Vordergrund stellen.** Wir müssen Städte für ihre Bewohner strukturieren und nicht für Autos, Bürokratie konsequent abbauen sowie Familie und Beruf vereinbar machen, Ruhe- und Erholungsphasen sowie Naturerlebnisse zulassen.

Um sich für solche Ziele zu engagieren, muss man innerlich Abstand nehmen und verstehen, dass es mehr gibt als den persönlichen finanziellen Erfolg. **Doch um selbst etwas zu verändern ist Vertrauen notwendig, Vertrauen in die eigenen Fähigkeiten.** Gerade in diesen unruhigen Zeiten brauchen wir Menschen, die sich begeistert für eine Sache einsetzen, von der sie überzeugt sind! Selbst dann, wenn die Zeit für ihre Ideen noch nicht reif ist, sie sich möglicherweise gegen die Welt stellen und zum Außenseiter werden. Sie brauchen das Vertrauen, dass sie ganz sicher Freunde und Verbündete finden, die an sie und ihre Idee glauben. Jeder Pionier hat erste Spuren im Schnee hinterlassen oder sich in den Dschungel gewagt, als er Neuland betreten hat. Diese Mutigen öffnen den Horizont für andere. Ihr Beispiel wird andere lehren und dazu bringen, auch zu ihren Träumen zu stehen.

Wer mit Talent gesegnet ist, sollte es nicht auf die leichte Schulter nehmen. Oft bedeutet es, dass man dem Talent dienen muss, egal worin es besteht. Emil Nolde wollte nur malen. Sein Vater verbot es, denn er sollte Bauer werden wie seine Brüder. Im flachen Ostfriesland, wo es sehr windig, kalt, stürmisch, ungemütlich und einsam ist, machte er sich unabhängig. Nolde wurde ein Rebell der Farben, ein Außenseiter und Pionier der Kunst. Er malte und legte einen märchenhaften Blumengarten an. Nolde war ein Farbmagier und schuf Meisterwerke, die etwas in uns auslösen und eher mit dem Gefühl als mit dem Intellekt zu verstehen sind. „Farben waren mein Glück, es war, als ob sie meine Hände lieben."

Er war der oberste Hüter seines Schatzes und seiner Zeit weit voraus, malte nicht nur leuchtende Blumen und Landschaften, sondern auch Berggeister in den Alpen und Bergriesen. Emil Nolde spürte, dass sich etwas Großes durch ihn ausdrücken wollte. „Das Göttliche in ihm zeigte sich innerlich glühend, wild und heiß, stark und vollkommen autonom. Es kam alles aus ihm heraus." Er wollte das Schöne zeigen, das es gibt. Er blieb sich treu, weckte Emotionen mit dynamischen, kraftvollen Landschaftsimpressionen und mit dem Garten. So schuf er einen Ort der Ruhe – zum Glück und zur Freude der Menschen.

Auch mit unserem eigenen Märchen haben wir etwas Schönes geschaffen. Während andere überall draußen nach ihrer Bestimmung suchen, hast du dein Inneres Kind befragt und tief in dir ein Märchen entdeckt, das von deiner Lebensfreude und Seelenreise erzählt. Dein Märchen ist reizvoll, spannend, kindlich einfach und besitzt viel Hintersinn. Es erzählt davon, dass du frei bist für das Abenteuer deiner Persönlichkeit und dass du selbstständig nach einem inneren Plan handelst. Sobald du wie dein Inneres Kind an Wunder glaubst, hebst du deine Träume wieder in dein Bewusstsein, und sie können real werden. Du wirst es erleben!

Rendezvous mit der Wirklichkeit

Eine neue Zeit beginnt, in der es zum Dialog kommt zwischen Wissenschaft und Spiritualität, zwischen Arzt und Heiler, altem und neuem Wissen. Wissenschaftler bewegen sich mit ihrem Denken immer näher am Rand des Unsichtbaren und Undenkbaren. Sie kommen spirituellem Wissen immer näher. Manche beschäftigen sich mit philosophischen Gedanken, mit der Weltsicht von Künstlern, Mystikern oder Indigenen, um sie in ihre Arbeiten einzubeziehen.

Unser persönliches Erfahrungswissen ist immer subjektiv und nicht wissenschaftlich-objektiv. Trotzdem ist es nicht weniger wahr, sondern einfach das Leben in all seinen Veränderungen! Dazu gehört unser reales tägliches Leben genauso wie die unsichtbare Welt unserer Gedanken, Gefühle und nächtlichen Träume. **Die Wiederentdeckung des Spirituellen ist etwas revolutionär Neues in unserer rationalen durchstrukturierten Welt,** in der die künstliche Intelligenz von Maschinen, Rechenknechten, Kampfrobotern, Handys und Computern eine unglaublich große Rolle spielt.

Immer, wenn etwas Neues beginnt, hat dies eine besondere Verbindung zur Weiblichkeit: zu Müttern, Töchtern, Ehefrauen, Geliebten, Schwestern, Hebammen und Heilerinnen.

Denn nur das weibliche Prinzip ermöglicht die Geburt. Schöpfung geschieht ständig und überall. Und wir können uns an diese weibliche Urquelle anschließen, um etwas Neues und Frisches zu schaffen. Wir brauchen dieses neue Denken und kreative Ideen, wenn wir weiter auf der Erde leben wollen. Frisches Denken, frische Energie, frisches Tun.

All dies ist etwas Neues, das die Welt um Augenblicke der Freundlichkeit, Inspiration und Mitmenschlichkeit reicher macht. Einmal brauchte meine Tochter Laura morgens besonders lange, bis sie zur Schule ging. Dann war sie blitzschnell weg. Erst später bemerkte ich, dass sie unseren kleinen Hund mitgenommen hatte. Glücklicherweise nahm es die Lehrerin locker, und dadurch wurde es ein ganz besonders schöner Schultag für alle. Laura strahlte und war glücklich, und die ganze Klasse hatte viel Spaß mit Ronja, die mit einem wunderschönen Blumenkranz geschmückt ihren ersten Schultag verbrachte.

So macht uns die Lebensfreunde unserer Kinder ein Geschenk der ganz besonderen Art, und unser Leben wird ein buntes Lebens-Kunstwerk. **Mit ihren kleinen Sandkasten-Schaufeln graben Kinder alles um, bis wir wieder Kontakt zu unseren wahren Gefühlen haben und unsere Liebe zum Leben fühlen.**

Einmal fuhr ich mit meinem vierjährigen Sohn Matthias im Bus. Er zeigte auf eine Frau und fragte: „Warum ist die Frau so dick?" Was sollte ich nur sagen? Plötzlich war es um uns ganz still. Alle schauten hoch und warteten gespannt auf meine Antwort – auch die dicke Frau! „Vielleicht hat die Frau großen Hunger. Oder sie muss Medizin nehmen, die dick macht." „Und warum müffelt sie so doll?", legte Matthias nach. „Sie ist vielleicht auf dem Weg ins Schwimmbad oder zu ihrer Schwester zum Duschen." Damit war er zufrieden, und ich konnte mich entspannen.

Mir ist es wichtig, ehrlich zu sein, denn nur so kann ich meine schöpferische Kreativität leben. Die Prüfungen und herausfordernden Situationen kommen meistens völlig unerwartet und spontan. Denn Kinder sind entspannt und pfeifen auf Konventionen. Unser Inneres Kind übrigens auch!

Das merkst du, wenn du spontan aus dem Bauch heraus reagierst. Dann kommen Worte aus deinem Mund, die dich selbst erstaunen. Das ist mir einmal passiert, als mich ein Bekannter meines Mannes stundenlang „zutextete" und mir immer den gleichen Kram erzählte, der mich überhaupt nicht interessierte. Schließlich war ich sehr genervt. Auf Andeutungen reagierte der kluge Mann nicht, und ich fühlte mich gefangen wie in einem klebrigen Spinnennetz. Ohne nachzudenken rutschte mir die Frage heraus: „Denken Sie eigentlich, ich bin gehirnamputiert? Oder warum erzählen Sie mir das nun schon zum fünften Mal?" Ich war selbst erschrocken über diese heftige Reaktion. Denn normalerweise bin ich respektvoll und nett! Aber die Attacke hat geholfen. Ich war befreit, und sein Redefluss war ausgebremst.

Wenn wir unsere Power und unsere inneren Gaben zu lange verstecken und unterdrücken, unterbrechen wir den natürlichen Fluss unserer schöpferischen Energie, die nach außen in die Welt fließen sollte. Wenn wir das jedoch nicht zulassen, wendet sich die Power gegen uns. Sie erschöpft uns, macht uns depressiv und krank. Wenn wir unser machtvolles inneres Feuer unterdrücken, staut es sich im Inneren, wie die glühende Hitze in einem Vulkan. All die angestaute Wut, der unerträgliche innere Schmerz und die zerstörerischen Aggressionen bringen die Menschen dazu, zu explodieren. Junge Männer jagen sich selbst in die Luft. Unsere Politiker lassen Flüchtlinge im Meer ertrinken und greifen Retter an. Wir führen ungezählte Kriege und sind grausam zu Menschen, Tieren und der Natur. Dieser Ausbruch von negativen Energien zerstört unsere Erde ganz genauso wie die austretenden Lavaströme eines aktiven Vulkans. Sie fressen sich durch die Landschaft, zerstören alles Leben, und die giftigen Dämpfe verbreiten sich in Windeseile. So verbrennt mühsam Aufgebautes ebenso wie jahrtausendealte Bäume und fliehende Tiere.

Wege, die von vorgestern bis übermorgen reichen

Glücklicherweise gibt es andere Wege, wie wir unser eigenes inneres Feuer nutzen können!

Dieses Neue kann nicht entstehen durch Widerstand, Protest oder Kampf, sondern durch den Weg der Liebe und Achtsamkeit.

Dies bewirkt eine völlige Neuorientierung des gesamten Denkens.

Es sind uralte Wege. Bessere Wege. Klügere Wege. „Weibliche" Wege.

Frauen wurden in fast allen Kulturen durch Erziehung und falsche Glaubenssätze kleingehalten. Diese ließen uns denken, dass wir perfekt sein müssen und darum nie gut genug sind. Doch in dieser neuen Zeit machen sich Frauen auf den Weg, um aus dem Kreislauf auszutreten. Wir erkennen ein nicht endendes Drama von Tätern und Opfern. Und wir wissen, dass dieser Kreislauf nur unterbrochen werden kann, wenn wir uns selbst und anderen vergeben. Also besinnen wir uns auf die uralte Weisheit und erwecken eine innere Kraft, von der wir selbst nicht wussten, dass wir sie in uns tragen. Wir begeben uns auf den uralten weiblichen Weg der Liebe und Achtsamkeit und erkennen unseren Selbstwert. Viele beginnen, von innen zu leuchten. Das Lachen geht in ihrer Person auf. Großmütter melden sich zu Wort und sind mit ihrer haltenden Kraft ein wärmender Pol in der Welt. Sie nehmen sich alle Zeit der Welt und erzählen Märchen wie in alten Zeiten. Gerade jetzt sind sie eine Quelle der Liebe und Heilung für unser Inneres Kind und unsere Kinder. Sie zeigen, wie man seine Wunden heilt, sein Glück und seine Berufung findet, die tief in jedem ruht.

Märchenerzählerinnen gibt es überall auf der Welt. Sie lehren uns, dass wir unser inneres Feuer lenken können, um ihm eine positive Richtung zu geben.

Um in unsere Kraft zu kommen, ist auch unsere Wut eine gute Medizin. Wir können sie nutzen, um klar zu sagen „Ja, ich will das!" und „Nein, ich will das nicht!". So kann sich unser inneres Feuer zeigen, ohne zu verletzen. Frauen waren zu lange liebevoll und nett. Egal, wie klug und fleißig wir sind: Jetzt setzen wir Grenzen. Denn wer Grenzen setzt, wird mehr respektiert als jemand, der zu allem Ja sagt. „Me too" ist solch eine Aktion. Sie zeigt, dass Frauen keine Angst vor ihrer ungeheuren Wutkraft haben. Sie hören auf, zu nörgeln und herumzuzicken. Sie sagen klar, was sie wollen und was nicht. Das macht vieles einfacher und klarer.

So setzen sich Frauen für sich selbst ein und entwickeln ihre Würde und eigene Meinung. Sie werden wütender und friedlicher, können klare Antworten geben. Denn sie haben Selbstliebe gelernt und setzen sich für das ein, was ihnen wichtig ist. Fast unbemerkt gingen sie schwanger mit ihren eigenen Ideen und Projekten. Sie haben den Vertretern der alten Völker gelauscht und sind berührt von deren hoher Kultur des Herzens. Inzwischen haben sie gelernt: Erst wenn sich Verstehen und die Herzensweisheit miteinander verbunden haben, bezeichnen Indigene jemanden als „wahren Menschen".

Frauen tun sich zusammen: Junge Frauen, Mütter mit Kindern, Tanten, Großmütter veranstalten Friedensmärsche und rufen: **„Jungs, jetzt ist Schluss mit dem**

Kriegsspiel! Ab jetzt ist Frieden! Beschützt eure Frauen, Kinder und Mutter Erde, so wie es eure Aufgabe ist!“

In dieser spannenden Zeit, in der Fachwissen von Computern innerhalb kürzester Zeit abgerufen werden kann, haben Menschen ganz besondere Aufgaben:

Wir sind dazu da, menschlicher zu sein als jemals zuvor! Menschlicher miteinander, in der Arbeit, im Lernen und im Weitergeben von Wissen. Und wir haben die wunderbare Chance, zu wachsen.

Natürlich kann uns die Zukunft Angst machen, sie gibt aber auch Anlass zur Hoffnung. Denn jeder Einzelne kann seinen Beitrag dazu leisten, dass die Zukunft schön wird. Die vernetzte Welt bietet wirklichen Erneuerern und Kreativen einen großen Vorteil. In dieser Zeit ist es wichtig, voneinander zu lernen. Und kollektive Lernprozesse werden große Veränderungen bringen, in denen die Mitmenschlichkeit im Vordergrund steht.

Die Zeit, in der alles auseinandergenommen wurde, um es zu verstehen, ist vorbei. Nun ist es wichtig, zu erkennen, wie alles mit allem verbunden ist. Der Blick auf das Ganze ist wichtig!

Wenn früher ein Mensch plötzlich einem Bären gegenüberstand, fragte sich der Mensch nicht: Wie viele Krallen hat der Bär? Sondern: Will mich der Bär fressen? Wie kann ich mich retten?

Wichtig ist ein weiter Gedankenhorizont, der zurückreicht zu unseren Ahnen und gleichzeitig nach vorne blickt zu unseren Ur-Ur-Ur-Ur- Enkeln. Um ihnen ein gutes Leben auf der Erde zu ermöglichen, müssen wir die Erde als Ganzes sehen und auch die Erdbevölkerung als Gemeinschaft. Wenn wir das große Ganze betrachten, geht es nicht mehr nur um das persönliche Ich, sondern darum, groß zu denken, das Wir-Gefühl auf der Erde zu etablieren und zu fördern. Männer und Frauen gemeinsam. Das bedeutet eine grundlegende Verschiebung all unserer Werte.

Es ist immer unser Inneres Kind, das uns kreative Antworten und unkonventionelle Sichtweisen auf Herausforderungen zeigen kann. Die kindliche Freiheit im Denken ermöglicht eine unerwartete Ebene von sprühender Lebensfreude und Lösungsfindung.

Lernen von hochsensiblen Kindern

Ungefähr seit 1975 werden immer mehr hochsensible Kinder geboren, die feine Antennen besitzen und eine ganz intensive Wahrnehmung haben. Sie spüren Gefühle und Stimmungen anderer Menschen ganz deutlich. In dem Moment, in dem sie feststellen, dass das, was Erwachsene sagen, und das, was sie tun, nicht zusammenpasst, wissen sie nicht, worauf sie reagieren sollen: auf das, was sie wahrnehmen, oder auf das Gesagte.

Das ist äußerst beängstigend, weil sie die Menschen nicht verstehen. Das führt dazu, dass sie sich fehl am Platz fühlen. Sie träumen, sie wären vertauscht oder adoptiert worden, und irgendwann kämen die richtigen Eltern, um sie abzuholen und mit nach Hause zu nehmen.

In der Schule erleben sie, dass andere Kinder ganz anders sind, und sind geschockt. Darum ziehen sie sich zurück und finden einen geheimen Ort, an dem sie viel Zeit mit ihren Tagträumen verbringen. Oft finden sie diesen Ort in der Natur.

Mein Geheimort befand sich hinter einer Garage, wo niemand hinkam. Meine Kinder spielten sehr gern unter einer besonderen Birke, deren Zweige tief bis auf die Erde herunterhingen. In dieser kleinen Laube, die alles unter ihrem Dach versteckte, waren sie ein Teil der Natur. Dort konnten sie in Ruhe spielen und ihren Träumen nachhängen. Manche Gedanken erzählten sie mir, und oft waren sie hochphilosophisch. „Was ist, wenn ich jetzt woanders wäre? Dort, wo ich mich hindenke. Wer wäre dann hier?"

Diese Tagtraumzeit und Muße sind wichtig für die seelische Gesundheit unserer Kinder. Ganz genauso wichtig sind sie für unser Inneres Kind, denn sie nähren es und lassen es wachsen. Kinder lernen so ihre eigene Kraft und Kreativität kennen.

Filme, das Internet und Smartphone füllen das Kind mit Bildern, die nicht zu seiner Traumwelt gehören. Stattdessen trägt es nun die Bilder anderer Menschen in seinem Kopf, die nichts mit ihm zu tun haben. Und dies geschieht, noch bevor es seine eigenen entwickeln konnte. So wird die Traumwelt des Kindes jeden Tag ärmer und ärmer. Ohne Träume und Märchen verkümmert unsere Kreativität, und wir verarmen innerlich. Unsere Träume werden mutwillig zerstört, genauso wie unsere Umwelt.

Gerade jetzt sind viele Seelen hier, um besonderes Wissen, Hoffnung und Licht zu bringen für die kommende Zeit, in der viel Liebe und Trost gebraucht werden. Zieh dich nicht zurück auf das sichere Mittelmaß, weil du nicht auffallen willst! Wenn du zu strahlen beginnst, gibst du damit anderen die Erlaubnis, das Gleiche zu tun. Das wird die Veränderung bringen, nach der wir uns alle sehnen.

Dein seelischer Traum enthält als Leuchtpunkt das Spezielle, das in dir ruht. Es ist deine Kunst, zu leben. Dein Talent, etwas schnell, leicht und mit Freude zu lernen. Deine Stärke, die dir hilft, die Balance zu finden und flexibel zu sein.

Die reale und die unsichtbare Welt

Indigene Völker wissen, wie eng unsere reale Welt und die unsichtbare Welt miteinander verwoben sind. Oft nutzen sie das Bild eines Baumes, um dies zu verdeutlichen.

Ein Baum besitzt drei große Bereiche: Wurzeln, Stamm und Krone.

Auch wir besitzen Wurzeln: unsere Eltern und Ahnen, das alte Wissen und die Kraft aus der Erde, die alles Leben aus sich hervorbringt: Mutter Erde. Sie schenkt das Leben und fordert es auch zurück.

Der Stamm entspricht unserem realen, täglichen Leben. Er ist allen Wetterlagen ausgesetzt: Regen, Trockenheit, Stürmen und allen möglichen Einflüssen und Tieren. Von seinen Baumwurzeln hängt es ab, wie stark, biegsam und widerstandsfähig er ist.

Dann gibt es noch die Baumkrone mit ihren Tausenden von Blättern, Blüten und Früchten. Sie werden von der Sonne beschienen und vom Regen gewaschen. Sie tanzen im Wind, und irgendwann fallen sie herab, um sich mit der Erde zu verbinden. Sie entsprechen unseren Gedanken, Ideen, Inspirationen, Träumen, Wünschen, Impulsen und Visionen.

Ein Baum ist ein lebendiges Symbol dafür, wie alles voneinander abhängt und miteinander verbunden ist. Alle Wesen haben Wurzeln. Nicht nur die Pflanzen, sondern auch die Menschen und Tiere. Die Wurzeln der Pflanzen kennst du. Bei Tieren reichen die Wurzeln nicht in die Erde, sondern hinab in ihre Herkunft. Es brauchte Millionen von Jahren in der Evolution, damit sie das Licht der Welt erblicken konnten. Über ihre Instinkte sind sie ständig mit ihren Wurzeln in Kontakt und kennen ihre Aufgabe. Aber der Mensch hat den Kontakt zu seinen Wurzeln verloren. Auch sie reichen weit hinab in die Vergangenheit, in unsere Herkunft. Meistens wollen wir davon nichts wissen und sind davon überzeugt, wir müssten eine bessere Welt erschaffen als die, aus der wir stammen. Doch dazu fehlt uns die Kraft. Aber wir können uns wieder an den Strom des Lebens anbinden und uns neu verwurzeln. Dies geschieht, indem wir uns mit der Geschichte unserer Familie und mit der Geschichte unseres Volkes beschäftigen. Unsere Wurzelkraft kommt von unseren Ahnen und unseren Eltern. Die Weisheit und das Erfahrungswissen unseres Volkes sind festgehalten in uralten Erzählungen und Märchen.

Niemand kann uns sagen, was realer ist: die Kraft aus den Wurzeln oder die Einflüsse, denen der Baumstamm ausgesetzt ist oder die Blüten und Blätter, die der Baum hervorbringt.

Der Baumstamm symbolisiert unser reales, materielles Leben, in dem wir heutzutage herumhetzen und eigentlich nicht wissen, welches Ziel wir haben. Bis wir erschöpft innehalten und uns an unsere Kinderträume erinnern. Sie entsprechen dem Blätterwerk der Baumkrone. Auch wir spüren die Sehnsucht, wunderschöne Blüten und Früchte hervorzubringen und uns mit dem Licht der Sonne, dem Regen und allem zu verbinden, was uns guttut.

Welche Kraft unsere Gedanken haben, und wie der Geist die Materie beeinflusst, konnte ich in folgender Situation erleben: Ich hatte eine Klientin, nennen wir sie Cora. Cora war Mutter von zwei Jungs und hatte Probleme mit ihrer Mutter und mit ihrer Schwester. Sie wusste nicht, wie sie sich verhalten sollte, und so nahmen wir in einer Fantasiereise Kontakt auf zu ihrem Inneren kleinen Mädchen. Wir gaben ihrem Inneren Kind die Sicherheit und Geborgenheit, nach der es sich sehnte. Schließlich hatte ihr Inneres Kind die Gewissheit, dass sie völlig in Ordnung ist und geliebt wird. Sie wusste, dass sie alle Kräfte in sich trägt, um mit dieser Situation umzugehen.

Nach dieser inneren Reise strahlte Cora und war wie umgewandelt. Sie sagte, sie fühlt sich so, als ob in ihrem Bauch ein dicker Knoten geplatzt sei. Nun hat sie ganz viel Platz für ihr Inneres kleines Mädchen geschaffen.

Bei unserem nächsten Treffen – sechs Wochen später – verkündete Cora, dass sie sehr überrascht und ganz sicher sei: Sie sei völlig ungeplant schwanger! Der Arzt konnte keine Schwangerschaft feststellen. Doch sie war sich absolut sicher, und es stimmte: Cora bekam ein kleines Mädchen. Ihre Mia hatte nur darauf gewartet, dass Cora ihr eigenes Inneres Kind heilt, und dann ergriff sie die erste Gelegenheit, um in ihr Leben kommen.

Dies zeigt: Die geistige, unsichtbare Welt, die aus Gedanken, Träumen, Märchen, inneren Reisen, Gebeten und Visionen besteht, genauso wie das Innere Kind und unser Unterbewusstsein, beeinflusst unsere reale, materielle Welt. Das Universum antwortet uns, und so bist du selbst deines Glückes Schmied. Darum ist es wichtig, dass du Verantwortung übernimmst. Für dich und für diejenigen, die dir anvertraut sind.

Mir ist es wichtig, dass wir das Interesse unserer Kinder in eine positive Richtung lenken. Es macht doch überhaupt keinen Sinn, einem übergewichtigen Kind eine Schüssel Gummibärchen vor die Nase zu stellen und zu sagen: „Wehe, du isst davon!" Oder grausame und blutrünstige Spiele herzustellen und zu sagen: „Die darfst du erst mit 16 ansehen." Wie verantwortungslos ist es, Kindern diesen geistigen Müll zur Unterhaltung und Entspannung anzubieten? Das tut niemandem gut und ist genauso dumm, als wenn du literweise Alkohol trinkst und erwartest, danach völlig gesund zu sein. Du weißt, dass im Fernsehen und Internet Dinge geschehen, an denen dein Kind zerbrechen kann. Davor musst du dein Kind und auch all die anderen Kinder schützen. Auch dein eigenes Inneres Kind braucht deine innere Klarheit und uneingeschränkte Fürsorge!

Kinder brauchen Erlebnisse, Geschichten und Märchen, die glücklich machen. Das gilt natürlich auch für dein Inneres Kind! Du musst dafür sorgen, dass sich der kindliche Geist hebt. Er braucht einen sicheren, unterstützenden und klaren Raum, um zu wachsen und zu gedeihen. Kinder brauchen liebevolle Menschen um sich, denen sie wichtig sind und die sie Respekt lehren. Nur so können sie ihre innere Balance und Heimat finden. Sie brauchen gesunde Nahrung für ihren Körper und geistige Nahrung für ihren Geist. Hebe den Geist deines (Inneren) Kindes, indem du ihm hilfst, sich zu begeistern und dann die Disziplin aufzubringen, dieser Begeisterung zu folgen. Dann wächst ein Kind voller Vertrauen ins Leben.

Wir haben das Wesentliche und Einfache aus den Augen verloren. Kinder sind glücklich, wenn sie mit sich und uns im Reinen sind. Dann lächeln sie. Und sie lächeln, wenn sie spielen dürfen. Wir können unsere Kinder dabei unterstützen, Abenteuer zu erleben und Spaß in ihr Leben zu holen. Damit wird auch unser Inneres Kind wieder lebendig.

Liebe und Verständnis, mit denen wir uns selbst umhüllen und ein Problem umgeben, lassen uns eine neue Ebene der Wirklichkeit erkennen und ermöglichen konstruktive Lösungen. Dabei hilft auch die Erinnerung daran, dass in jeder Kultur und Religion davon die Rede ist, dass wir unendlich geliebt werden. Jedes Volk spricht davon, dass wir unsichtbare Begleiter haben, die uns führen. Sie respektieren unsere Freiheit, aber wenn wir um Hilfe bitten, stehen sie uns zur Seite. Wie wir sie auch nennen, diese Wesen ohne festen Körper versichern uns immer wieder, dass wir auf der Erde willkommen und nicht allein sind.

Das Beste und Wichtigste im Leben wurde dir geschenkt

Dein Leben wurde dir geschenkt, die Luft zum Atmen, das Sonnenlicht und der Sternenhimmel wurden dir geschenkt, die Liebe deines Mannes, deiner Frau, deine Kinder. All dies sind Geschenke an dich. Du hast sie nicht gekauft und nicht gemacht. Und du hast auch eine Berufung, Talente und besondere Gaben geschenkt bekommen. Mithilfe deines Märchens bist du dir über das in dir schlummernde Potenzial klarer geworden, und du vertraust dir selbst mehr. Du bist dir deiner Kraft und Schönheit bewusst, und nun ist es an dir, in deine Aufgabe hineinzuwachsen.

Hast du dir schon einmal Gedanken darüber gemacht, warum wir Geschenke verpacken? Warum lieben wir die Spannung, ein Geschenk auszupacken und uns überraschen zu lassen? Weil dir ein von Herzen kommendes Geschenk etwas sagen will. Es bedeutet etwas für dich. Solch ein Geschenk ist für dich da, um dich darin zu unterstützen, dein Gleichgewicht zu finden. Es weist dir eine Richtung, damit du deiner Bestimmung folgst. Und es zeigt dir deine Kraft und Schönheit. Dieses Buch ist mein Geschenk an dich!

Wir müssen viele Entscheidungen treffen, gute Dinge vorantreiben und positive Reize schaffen.

Unsere Erde ist in Aufruhr, und das bedeutet, dass wir uns darum bemühen sollten, unsere Lebensgewohnheiten zu ändern. Lass es nicht zu, dass Egoismus und Gier alles Leben auf der Erde töten! Lass die Angst hinter dir und öffne dein Herz für das Kind in dir. Werde wieder mitfühlend und glaube an Wunder. Handle mit Liebe und Fantasie. Sei flexibel und lege den Fokus auf deine Stärken. Bringe das Lächeln, den Respekt und die Ehrfurcht vor dem Leben zurück auf die Erde und verliere keine Zeit! Wir brauchen Menschen, die genau das tun, was sie glücklich macht, und die den Mut haben, die Wahrheit gegenüber Mächtigen auszusprechen. Wichtig sind jetzt Menschen wie du, die etwas bewegen wollen und mit Leidenschaft über den Tellerrand hinausblicken. Erfülle deine Rolle, und sei ein Bote dieser neuen Zeit, in der die Menschen ihr Wissen weise anwenden.

Danke

Weiterer Titel der Autorin

Jutta Westphalen

Der Flug der Falkenfrau

-Frauen geben ihr schamanisches Wissen weiter-
ISBN 978-3-89575-157-8
265 Seiten

Dieses Buch und die Schamanenreise auf der beiliegenden CD können jeden wieder in seine innere Landschaft führen. Nur wenn wir mit der eigenen Seele tief verwurzelt sind und auch bleiben, können wir in einer Zeit der Hektik und des Lärms den inneren Schamanen leben. Jutta Westphalen leitet Sie behutsam an, so dass Sie Ihre Seelenlandschaft bereisen, dort Ihr Krafttier kennenlernen können und auch die unerschöpflichen Kräfte der vier Archetypen erfahren: Die Energie der inneren Heilerin, Seherin, Kriegerin und Lehrerin.

Dieses Buch eignet sich sowohl für den privaten als auch therapeutischen Gebrauch, um die eigenen Stärken praktisch zu erfahren. Mit diesem uralten Wissen können Sie Stress in Stärke wandeln. 13 Berichte von schamanischen Reisen, wie „Der Flug der Falkenfrau" machen Lust auf eigene Erfahrungen.

Titel aus unserem Verlagsprogramm

Cornelia Geiger
Räucher-Fibel

ISBN 978-3-89575-151-6 / 105 Seiten - durchgehend vierfarbig

Mit diesem liebevoll gestalteten Sammel- und Nachschlagewerk finden Sie immer die richtige Pflanze für die entsprechende Räucherung.

Entdecken Sie die vielfältigen Möglichkeiten der einheimischen Blumen, Bäume und Sträucher, welche uns jederzeit zur Verfügung stehen. Erfahren Sie eine viel stärkere Wirkung Ihrer Räucherung, wenn Sie die Pflanzen selbst liebevoll sammeln und trocknen. Dieses Buch ist ein einzigartiger Leitfaden, sowohl für den Räucher-Profi als auch für den Anfänger und Gelegenheits-Räucherer.

Mit dem übersichtlichen Sammelkalender finden Sie zu jeder Jahreszeit die richtige Pflanze.

Ein Sachwortverzeichnis hilft beim schnellen Nachschlagen.

Tauchen Sie ein in die Welt und Wirkung der Pflanzen mit diesem Räucher-Ratgeber der besonderen Art.

Marion Röbkes
Hexen, Götter, Kulte - Orte der Magie

Band 1 - Deutschland Süd / ISBN 978-3-89575-115-8 / *229 Seiten*
Band 2 - Deutschland Nord / ISBN 978-3-89575-118-9 / *242 Seiten*

Lassen Sie sich verzaubern von mystischen Orten, von magischen Stätten, finden Sie Ihre eigenen Kraftorte, tauchen Sie ein in eine Vergangenheit, die Sie faszinieren wird. Ein esoterischer Reiseführer der Ihnen Plätze näher bringt, die Sie in wenigen Stunden erreichen können und die Sie für ein paar Stunden oder Tage in eine geheimnisvolle Mystik entführen.

Aundh
Das Sonnengebet

ISBN 978-3-89575-096-0 / 96 Seiten

Yoga- bzw. Körper- und Atemübungen die jeder - egal welchen Alters - ausüben kann. Die Übungen beanspruchen nicht nur einen einzelnen Teil des Körpers, sie wirken auf jede Zelle und jede Sehne, verleihen neue Kraft und Harmonie.

Estelle Stead
Die blaue Insel

ISBN 978-3-89575-071-7 / 102 Seiten

Ein faszinierender Bericht über das Weiterleben nach dem Tode. Estelle Stead erhielt auf medialem Wege aufrüttelnde Nachrichten ihres Vaters von seinem „Übergang" und von der Zeit „danach". Das Buch gibt Antwort auf die Frage, ob bzw. in welcher Form es ein Weiterleben nach dem Tode gibt.

Dick Hellwich / Rolf Mihm
Erwecke die Pendelkraft in Dir
ISBN 978-3-89575-124-0 / 96 Seiten
Die Autoren führen behutsam Schritt-für-Schritt in die „Geheimnisse" des Pendelns ein. Einer umfassenden Einführung folgen über 90 Pendeltafeln die viele Bereiche des Lebens abdecken.

Walter A. Posch
Die Revolution - MatrixQuantenPower
Die ultimativ neue Technik
ISBN 978-3-89575-153-0 / 144 Seiten

MatrixQuantenPower ist die ultimativ neue Technik auf dem Gebiet der Quantenheilung und Matrix-Energie mit der man nicht nur auf einfache und spielerische Weise lernt seine Selbstheilung zu aktivieren, sondern auch, wie man sie auf andere Menschen, Tiere, Pflanzen, sowie in den verschiedensten Situationen anwendet.

Walter A. Posch
Das Geheimnis der Rückführungen
ISBN 978-3-89575-150-9 / 216 Seiten

Rückführung! Die meisten Menschen haben (panische) Angst davor!

Warum? Dieses Buch liefert eine umfassende Erklärung zur absoluten Ungefährlichkeit derselben!

Walter A. Posch avancierte, nicht zuletzt durch diverse Medienauftritte in Rundfunk und Fernsehen, in den letzten Jahren zu einem der bekanntesten Rückführungstherapeuten des deutschsprachigen Raums. Seine fortschrittliche Arbeit, sein Bestreben um wissenschaftliche Akzeptanz des Themas und seine Art, sich um die Probleme seiner Klienten zu kümmern, machen ihn wohl zu einem der wichtigsten Wegbereiter auf dem Gebiet der Reinkarnationstherapie.

Ulrike Maria Lembke
Willkommen im Licht
- Aufbruch in ein neues Leben -
ISBN 978-3-89575-155-4 / 134 Seiten

Der Tod - das viel umwitterte Geheimnis vom Ende des Lebens. Doch was kommt danach?

Ulrike Maria Lembke lüftet nicht nur das Geheimnis um das Leben nach dem Tod, sondern vor allem und in erster Linie erläutert sie würdevolles Sterben, den Prozess Sterben an sich und den Umgang mit der Erkenntnis: Das Sterben gehört unweigerlich zum Leben und kann - richtig gelebt - den Betroffenen und die Angehörigen beflügeln und die Trauer erleichtern, denn der „Tod hat keine Bedeutung".

Werner Giessing
Erwecke die Kraft des Handlesens in Dir
ISBN 978-3-89575-148-6 / 242 Seiten

Entdecken Sie die faszinierende Welt der Handlesekunst. Über 150 Zeichnungen und Fotografien ergänzen den Text, so daß die Kunst des Handlesens kein Geheimnis mehr bleibt.

E´Lassa
Yippijayeah - Glücksfaktor Zahl
ISBN 978-3-89575-188-2 / 120 Seiten

Die Autorin beschreibt unterhaltsam und mit einfachen Worten die Wichtigkeit der persönlichen Entfaltung. Mit Hilfe des mitgebrachten Zahlencodes, den jeder Mensch in sich trägt, kann jeder Glück und Erfüllung finden und ganz bewusst das eigene ICH BIN leben.
Nun heißt es, diesen Zahlencode zu entschlüsseln und die mitgebrachten Talente und Fähigkeiten zu entdecken und zu fördern.
Mit vielen Übungen und praktischen Tipps erklärt E´Lassa, wie die einzelnen Zahlen positiv gelebt werden können und man so die Voraussetzungen erfüllt, um seine Lebensaufgabe zu lösen.

Maria Elisabeth
Seelenbewußtsein
ISBN 978-3-89575-147-9 / 128 Seiten
Alle Menschen werden ohne besondere Vorbereitung für ihr Leben in diese Welt hinein geboren. Manche brauchen viel Zeit, um sich hier zu integrieren und zurechtzufinden. Dieses Buch ist wie ein kleiner Fahrplan zu Ihrem Leben, sowie zu den Dingen, die Ihnen begegnen. Es zeigt die Ursachen auf, warum Ihr Leben bisher so verlaufen ist und nicht anders. Es stellt eine Methode vor, die Ihnen hilft Ihr Potential und Ihre Talente zu erkennen und diese auch zu leben. So werden Sie Meister Ihres eigenen Lebens.

Gaye Muir
Brücke zwischen den Welten
ISBN 978-3-89575-123-3 / 255 Seiten
Gaye Muir - das international anerkannte englische Medium - erstattet über viele Aspekte der Medialität Bericht. Dies reicht von essentiellen Gesprächen mit ihrem Geistführer bis hin zu fundierten Ratschlägen für die Entwicklung ihrer spirituellen Fähigkeiten.

Artha
Grüntenseestr. 42
D 87466 Oy-Mittelberg
www.artha.de